史说汉字

发现之旅栏目组 编著

上海科学技术文献出版社
Shanghai Scientific and Technological Literature Press

图书在版编目（CIP）数据

史说汉字 / 发现之旅栏目组编著． —上海：上海科学技术文献出版社，2020

（考古发现之旅）

ISBN 978-7-5439-8012-9

Ⅰ．① 史… Ⅱ．①发… Ⅲ．①汉字—汉语史—通俗读物 Ⅳ．① H12-49

中国版本图书馆 CIP 数据核字 (2019) 第 289108 号

策划编辑：张　树
责任编辑：杨怡君　曹　惠
封面设计：合育文化

史 说 汉 字
SHISHUO HANZI
发现之旅栏目组　编著
出版发行：上海科学技术文献出版社
地　　址：上海市长乐路 746 号
邮政编码：200040
经　　销：全国新华书店
印　　刷：常熟市文化印刷有限公司
开　　本：720×1000　1/16
印　　张：12.75
字　　数：181 000
版　　次：2020 年 1 月第 1 版　2020 年 1 月第 1 次印刷
书　　号：ISBN 978-7-5439-8012-9
定　　价：55.00 元
http://www.sstlp.com

目　录

汉字的起源一直是个巨大的谜题。

世界考古学界将文字作为人类进入文明社会的重要标准之一。世界大多数古文字都湮没于历史，甚至被人们遗忘了十几个世纪，而东方的汉字却伴随历史的风云激荡，一脉相承。是什么赋予了汉字强大的生命力？汉字，又是如何产生的呢？

史说汉字

一、文明晨曦

5400 年前，两河流域的苏美尔人将楔形文字压写在一块块泥板之上；

5000 年前，古埃及人在巨大的石碑和神庙中凿刻下神文，古希腊人称之为圣书字；

3300 年前，古代中国人在龟甲上留下占卜记事的文字。

楔形文字： 楔形文字也叫“钉头文字”或“箭头字”，是古代西亚所用文字，多刻写在石头和泥板（泥砖）上。笔画像钉头或箭头，呈楔状。

这几种文字是人类最早的古文字。

盛行数千年后，大多数古文字都湮没于历史，甚至被人们遗忘了十几个世纪。而东方的汉字却伴随中国历史风云激荡，一脉相承，勾勒出清晰的发展脉络。

这些神秘优美的方块字究竟起源于哪里？中国的甲骨文已经是成熟的文

▲ 古埃及象形文字

字系统，它的形成经历了怎样漫长的发展呢？

李学勤（清华大学教授）：“对于甲骨文的单字数量，虽然有不同的看法，但4000~5000个是不会错的。这个数量是非常庞大，所以它是一个成熟的系统，这个成熟系统的形成至少也得有1000年以上的历史，已经超过了夏朝的开始。而且在前面还有一个更为原始的酝酿产生的过程。”

当语言的传播被空间和时间羁绊，人们怎样存留记忆？《说文解字·叙》中这样写道：“及神

甲骨文：甲骨文主要指殷墟甲骨文，又称为“殷墟文字”“殷契”，是殷商时代王室用于占卜记事而刻（或写）在龟甲和兽骨上的文字，也是中国已发现的古代文字中时代最早、体系较为完整的文字。

《说文解字》：东汉许慎所著。成书于汉和帝永元十二年（100）到安帝建光元年（121），是我国第一部按部首编排的字典。

们与古文字更加接近，刻画的位置与后来青铜器上的族徽文字很相似，而且具有繁简二体。相似的符号在不同区域出现，是否意味着这些图形是当时通行的一种文字符号呢？

山东的大汶口文化与浙江的良渚文化，在大约4500年以前相当长的一段时间内并存，当时两地的生产力发达，记录语言的要求可能已经出现。

空间与时间的延续带来了对文字的需要。人的群体生活越来越发达，人类慢慢地社会化。

4500多年前使用它们的人早已消亡，只留下这些原始的文字符号出现在陶罐和玉器上，它们在传达着什么样的信息呢？

在孤立出现的符号中，河南舞阳贾湖遗址的出土非常奇特，年代也更为久远。

1983年，一支考古队和当时郑州大学历史系的师生正在湖边发掘一处距今约8000年的史前遗址。突然队员们在探坑里发现了一件超乎想象的东西：一支古老的骨笛，距今约8000年以上。

▲ 似乎与汉字有着某种联系的岩画符号

▲ 几种象形文字的联系

▲ 大山里的石刻

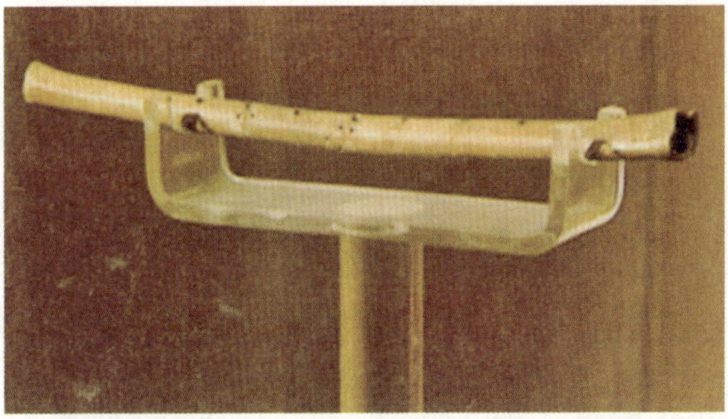

▲ 河南贾湖遗址出土了距今约8000年的一支骨笛

紧接着，贾湖村又有更重大的发现，在一片龟甲上，发现了与甲骨文极其相似的刻画符号。如果这就是汉字，中国的汉字史将被界定在8000年以前。

中国大概在1万年以前进入新石器时代，史前文明出土文物的精美，不得不让人重新审视对远古先民的想象。

生产力的发展，使考古学家们认为应该有文字的出现，但在已知的出土文物中，大多是单一的符号。人们期望能有进一步的发现。

▲ 刻画在玉器上的图形与古文字更加接近

4000多年前，山东半岛的某个部落。有人拿起一块已经碎掉的瓦片，在上面刻下了11个符号。这个人是谁，为什么刻下这些符号？刻写的内容又是什么？答案已经无人知晓。4000年后，一支考古队在数米深的地层中发现了它。

当时工作人员在清洗后的陶片上誊写编号，看到了那11个连续书写的神秘符号。

因为发现于山东省邹平县丁公村，它被称为丁公陶文。经过2年的谨慎调查和研究后，陶文的公布轰动了整个文字学界。

历史研究所的张政烺老先生看了以后特别兴奋，他夫人看到第二排上面的一个字，说，这不是“猴”字吗？

▲ 陶片上的神秘符号

日本一个学者考证后认为它是一封信。当时田昌五先生建议把它称作“陶书”而不是陶文。“陶书”是讲了一件事或者讲了一件东西。

很多学者纷纷对丁公陶文进行解释，但没有统一的认识。而且陶片上符号的书写方式似乎与已知的甲骨文有着形态上的不同。

李学勤：“看得出来，它是用尖锐的石器刻画的，是连续的。这种做法和后来我们看到的一般的字有所不同。所以有人认为，这种符号应该是文字，是一种没有被继承下来的文字。”

冯时（中国社会科学院考古研究所研究员）：“我们探讨中国文字的起源，并不意味着仅仅是汉字起源的问题，它可能还包括了非华夏系统的一些族群所使用的文字系统。因为上古的族群是多样的，如果我们承认这一点的话，就必须承认当时的文字也是多元的。”

▲ 陕西西安半坡遗址出土的仰韶文化人面纹网纹彩陶盆

丁公陶文出土于龙山文化晚期的遗址。龙山文化，是古代东夷部族创造的一个重要文化阶段，它以黑陶为主要特征，代表了当时制陶业的顶峰。

中国上古时代存在着夏族、夷族等多个部族，他们在相互的交往与征战中逐渐融合。那么中国文字在起源发展的过程中，是否也经历了这样一个多元融合的过程呢？

汉字仅仅是一种文字，在古代，特别是远古时期，中国境内是不是还出现过其他的文字？这个问题还有争论。

弈丰实（山东大学东方考古研究中心主任）：“在不断的交流过程当中，趋同性不断加强，最后形成了中华古代文化、中华古代文明。很可能文字也是这样一个过程。”

李学勤：“就中国这么多人口、这么大的地理范围来说，古代的文字和种类却出现这么少，在世界上是很特殊的。”

《尚书·多士》记载：“惟殷先人，有册有典，殷革夏命。”意思是说，商人在灭夏时已经有了记事典册，记载了“殷革夏命”的历史。甲骨文中屡见“册”“典”二字，字形

▲ 甲骨文“典”

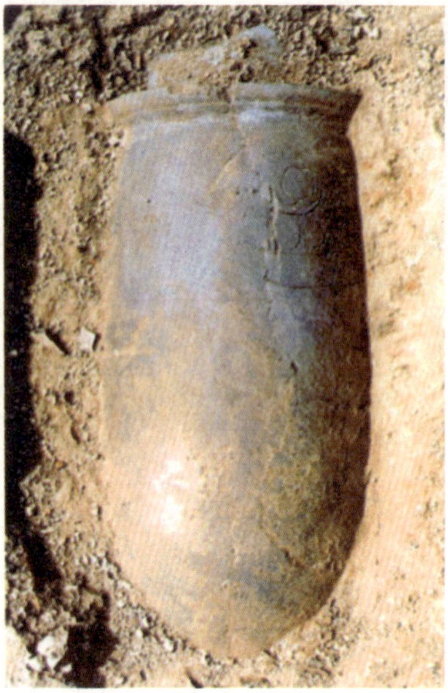
▲ 安徽省蒙城县尉迟寺出土的刻画有图形文字的陶尊出土现场

像串好的许多竹简和双手捧着简册。因此是否可以推测，在殷革夏命的夏桀、商汤时代，已经有了文字，只是我们还没有发掘到。没有发掘到不等于没有。

甲骨上多次出现“典”字。

有典有册，意味着当时至少要有初步的文字体系，只有零散、个别的字符无法进入应用时期。

这个破损的扁陶壶出土于山西省临汾市陶寺，人们在陶壶上发现了两个用朱砂书写的文字。

李学勤：“‘陶寺文化’大约在公元前2600—前2200年，从文献记载，基本上超过了夏朝。那个文字，没有学者否认它是字。”

冯时：“这两个字和甲骨文是完全同一个体系的文字，可以说是今天汉字的祖先。所以从汉字这个角度讲，我们现在最早能够追溯到公元前2000年左右。”

汉字体系的形成，还应有一个记事图画和刻画符号与语音结合，并由零散的字符逐渐积累的过程。这个过程绝不会短暂。因此有学者认为，汉字起源的上限无疑应该从夏朝初期再往上推移。

到了夏朝，中国的文化开始统一。如果文化不统一，就不可能有统一的文字，而且这段时间发展是相当缓慢的。

文字的产生，标志着人类由蒙昧走向文明，由传说时代进入信史时代，文明的发展将以加速度的姿态，在时间之轴上留下坐标。

二、尘封甲骨

100多年前甲骨文的发现，使失落了3000多年的殷商文明突然以一种文字的形式呈现在世人的面前。这些刻于龟甲和兽骨上的文字是中国迄今为止

▲ 良渚文化玉璧上的图形文字

发现的最古老的成熟文字，它是一种单纯的象形文字吗？是一字一音还是只能意会不能言传？它们是当时唯一的书写方式吗？甲骨之上，透露着先民造字的玄妙，又隐藏了永远无法得知的秘密……

甲骨文字，开启了一段尘封数千年的远古文明，被风沙掩埋的历史一点

▲ 仰韶文化第一期陶器上的刻画符号

▲ 河南省临汝县阎村出土的仰韶文化鹳鱼石斧图陶缸

一点地再现。

“清光绪二十五年，执掌国子监的大臣王懿荣患了疟疾，按照中医使用‘龙骨’入药。他意外发现从药铺买来的‘龙骨’上刻有文字。

经过研究，他认为，这一定是未知的远古时代的文字。那一年，是1899年。”

这个著名的故事，最初刊登在1931年北京发行的《华北日报》上。后来，几乎涉及甲骨文发现的书籍都转述过。

故事的虚实已经无从分辨，但发现甲骨文确实是王懿荣的一大功绩。正是他的学识和眼光，使甲骨文在经历3000年后惊现于世。这些刻有神秘文字的龟甲，记录着一段文明的记忆，而在探究这些遥远记忆的同时，又有无数人物的悲欢离合，推演着甲骨学研究的100余年。

甲骨文字究竟记载了什么？

在发现之初，很多人不相信王懿荣的说法。

籀文：也叫籀书，又称大篆。起于西周晚年，春秋战国时期行于秦国。字体与秦篆相近，但字的构形多重叠。

章太炎是研究《说文解字》的，他觉得《说文解字》里引到的（籀文）应该是中国最古的文字了，不应该再有更古老的。所以他对甲骨文是抱怀疑态度的。他曾经讲（甲骨文）是古董商人为了谋取利益假造的。

而当时的古董商人为了保证盈利的渠道，隐瞒了甲骨真正的出土地点，确实编造了很多谎言。

此时，一位名叫罗振玉的金石学者，坚信甲骨所刻是了不起的历史秘密。在其胞弟等人的协助下，他发现甲骨文的实际出土地是河南省安阳市的小屯村。接着，他又在甲骨文字中发现了重要信息。

卜辞里面发现“殷王名谥十余”，就是商王的名字十多个。他恍悟，这卜辞的出土地应该就是商朝都城。

殷都，是消失了近3000年的古代都城。《史记·殷本纪》虽然记载了商朝的历史，由于缺乏商朝的文字记载，在20世纪初，国际上的学者普遍认为，中国的夏商只是传说中的王朝。

洹河边的小屯村会是3000多年前那个繁华的都城吗？

隐藏于甲骨背后、曾经失落的殷商文明初露端倪。

如果没有甲骨文，我们甚至可以说那个时代是充满神话的时代。这段历史怎么样？我们不清楚。甲骨文一经发现，至少商朝的存在再没有被任何人怀疑。

公元前1300年左右，经历九世之乱的商朝出现了一位杰出的王：盘庚。他带领臣民开始了一次宏大的迁都之旅，从黄河以南的“奄地”西渡黄河到殷。

他们在这里建立了崭新的都城，并在此传8代12王，历时273年之久，后人称之为殷商。

殷墟出土的甲骨文是迄今为止可以确认的、中国最早的汉字系统。

盘庚：盘庚，名旬，商朝第20位国王，为了改变当时社会不安定的局面，他把都城搬迁到殷（今河南省安阳市小屯村），使衰落的商朝出现了复兴的局面。

学者们发现，甲骨文字不但已经能够完整地记录语言，而且距离它脱离原始文字阶段进入成熟已有一段时间。

冯时：“它的文字的数量很多，据最新统计，单个的文字已经超过4000个。它可以表达很复杂的概念，它的词性包括名词、动词、代词、副词等，都已经齐备了。”

甲骨文字并不等同于象形文字，象形文字只是它的一部分，它已经具备指事字、会意字，最重要的是出现了形声字。

例如：风雨雷电的“风”字无法表示，古人就用凤凰的“凤”代替，有时会在“凤”的右上方加一个“凡”的声符。凤鸟的长尾经风一吹翩翩起舞，便代表“风”字。

冯时：“象形不是随便像，随便画一个东西。古人有一个标准，象形一般是画事物的常态特点。如，月的常态特点是缺。”

在二维空间里，古人的智慧发挥得淋漓尽致。

二维空间生成的方正不仅仅代表了汉字的形体，更象征着古老东方独有的人文精神，烙刻在3000多年的时光中……

“抵安阳之日，为八月十二。下车即往访河南省立十一中学校长张天骥君。”

1928年8月12日，张天骥接待了一位来自南京的学者，他诧异于学者的年纪，是一个30岁出头的年轻人，代表研究院来安阳了解小屯村甲骨出土的情况。

年轻学者名叫董作宾，日后，他成了甲骨研究中最著名的学者之一。

1928年10月，河南省安阳市小屯村，中国历史上第一次科学的野外考古，正式拉开帷幕。

真正的工作是复原古代的历史，复原当时的都城，甲骨是一方面，经过几年的局部发掘之后，转变成了全面发掘。

甲骨文，是殷人刻在龟甲、兽骨上的占卜记录，是商王及贵族与鬼神互通的信件。发现的文字大多刻在龟的腹甲或牛的肩胛骨上，腹甲和牛骨都经过仔细打磨。在这些卜辞中，有一组字的破解至关重要。

“贞”字，在《说文解字》中解释为“卜问”。

各种各样的字都是在“贞”字前面出现的。最早是孙诒让，他认为这可能是跟占卦有关系的一种特殊的称名。后来董作宾在写《大龟四版考释》的时候，发现有的时候“贞”后面文辞完全一样，但是“贞”前面这个字会变

▲ 龟甲上刻有与甲骨文极其相似的符号

▲ 甲骨上的“贞”字

化，所以他联想到这应该是指人，而跟卦没有关系。

具体占卜的人，因为跟着“贞”字出现，被称为贞人。

人们在所有已出土的甲骨中，发现了128位贞人的名字，通过对贞人的研究，专家考证出这128位贞人存在于200多年的时间里，由此证明了《史记》中关于盘庚迁都后商王朝存续时间的正确性。

由此凿破鸿蒙，把过去不清楚的搞清楚了。所以，董作宾发现贞人说应该是一个巨大的贡献，在甲骨学史上有着划时代的意义。

商朝占卜的过程究竟是怎样的呢？首先整治龟甲和兽骨，贞人或王本人向神灵提出问卜的事情，有人专门执行占卜的过程，在甲骨的反面钻凿，然后用火烧灼。龟甲受热到一定程度就会出现裂纹，再由国王或专门的人来解释裂纹的含义。

解释的确切方法已经无从得知。有人认为，纵横相交的较大角度，比较多地被认为是吉兆。最后，将整个占卜过程及结果刻于甲骨之上。

经过3000多年的掩埋，这些烧灼的痕迹仍然清晰可见。

《礼记》中记载：“殷人尊神，率民以事神，先鬼而后礼。”

无论是铜器顶上的纹饰还是大量的随葬品，以及人牲、人殉，这些遗留下来的物质文化给人的印象是，那是一个鬼神观念特别强化的时代。

到了晚商，几乎每隔几天都要祭一位祖先，还有地面的神。地面神就太多了，高山，有山神；河流，有河神；植物，有植物神；动物，有动物神；有人就讲，在商人的社会中，神无所不在。

极度崇尚鬼神的商人，希望通过占卜的方式达到人神之间的沟通。占卜贯通于商朝整个社会的上下，而用甲骨占卜并刻卜辞，是商朝王室和贵族的一种特权。这些甲骨文也因为无事不占而包括了生活的方方面面。上到军国大事，出征打仗，立邑任官，这是属于大事情。小事情是生老病死，甚至每天还要问今天晚上会不会有事情。因为所有的事情都要占卜，所以刻下来的文字对于我们研究商朝社会提供了很好的第一手资料。

在小屯南地出土的一片甲骨非常有名，它是关于求雨的。当时非常干旱，

▲ 安阳“127 坑”发现了大量的甲骨

所以连续进行了 27 天的求雨，其中有音乐，有舞蹈，有祭山岳。到了第 27 天，傍晚时分天上下起了小雨。

龟甲记录了神秘的预言，却未能参透自己的命运。近 3000 年的时光里，它们被埋藏得更深。

1936 年 6 月 12 日中午，安阳。学者石璋如和王湘在只能容纳两人的最后一坑中发现了大片的甲骨。

127 坑的发现是一个奇迹。不仅数量巨大，而且广泛涉及祭祀、天象、狩猎、农业、征伐等各个方面。同时，甲骨大规模的整窖埋藏也引起考古学者巨大兴趣。这是商朝的档案库，还是不为人知的集中埋藏？

甲骨发现史上一共有三次大发现：一次就是 127 坑；一次是 20 世纪 90 年代发现的花园庄东地；还有一次在 1973 年、1974 年的小屯南地。这是三次大的发现，都是整坑甲骨出土。从花园庄东地出土的龟腹甲和 127 坑发现的龟腹甲，有些经过很好的整治，中间挖有小洞。

▲ 钻有小孔的龟腹甲

这些小洞明显是人为的，同时，在牛骨上方发现锯磨的痕迹。小洞用来穿绳子，使用过以后把它穿起来挂上，便于存放。

司马迁在《史记》中记载，“龟藏则不灵，著久则不神”。用于占卜的龟甲不能长期使用。成坑的甲骨究竟是出于什么目的被集中存放的呢？ 127 坑在发掘时，除了甲骨还发现了一具人的尸骨，它是否能提供什么线索？

由于遗留的信息太少，人们还无法揣测这具尸骨的来历。根据其他地点的出土，有专家认为，集中埋藏的原因可能是有意抛弃。

目前发现的殷墟甲骨文字始自武丁时期，这些文字伴随了殷商200多年的强盛和衰落，在字体上也有着自己的特点。

▲ 简单的几何形陶符

中国目前出土甲骨共15多万片，这些甲骨让人们了解了一个久远的年代，也留下一个巨大的疑问：在甲骨上刻写，是当时唯一的书写方式吗？

李学勤：“那一定不是的，它只是一种很罕见的、比较特殊的书写方式。因为在商朝的时候，主要的书写工具是竹木简，用竹木制成的简册。”

然而，出土文物中竹木简的痕迹已无可寻觅，学者们只在甲骨文字中找到了线索。

李学勤：“武丁早期的甲骨文里面已经有了‘作册’这个史官的名称了。一个‘册’字你就可以想到是有多少根简，是用绳把它们编起来的。”

甲骨文字中的“笔”字，是一只手和一支毛笔。

在出土的甲骨之上，人们还发现了用朱砂书写的遗迹。

冯时：“朱书的笔道很粗，刻得很细，那个笔道周围的朱砂痕迹还残留着，可以很清楚地看到。”

李学勤：“所以，用毛笔在竹木简

▲ 在甲骨上用朱砂书写的文字

上书写是当时主要的书写方式。”

甲骨文的研究，开启了一段尘封数千年的古代文明，被风沙掩埋的历史一点一点地再现。逝者如斯，文明在不断的积淀中前进。

三、鼎立九州

当几乎所有的文字经历了时光的冲刷，伴随竹木简牍消失无踪的时候，金文却清晰地涤荡出汉字神秘威严的线条。在它存在的千年岁月里，被深深镌刻在那些雄伟浑厚的钟鼎彝器表面，存在于王室贵族的社会生活中，勾勒出中国封建社会的基本框架，演奏了一段王朝的盛世华章。

金文，被认为是中国最古老的文字之一，它历经华夏文明1200余年的历史，因为与一种金属的结合，堪称世界文字发展史上的独一无二。

金文，铸刻在青铜器上的一种文字，因其往往现身于礼器的鼎和乐器的钟，又称钟鼎文。

中国的青铜器，自古以来就被蒙上了一层尊贵而神秘的面纱。

上古时代有这样一个神秘的传说：相传，黄帝曾采集铜矿石铸鼎于荆山之下，用巨鼎镇住了中原的气脉，从而镇住了九州八方。鼎，便成为王权的象征，成为上天给予凡人权力的神器。

▲ 铸刻在青铜器上的文字叫金文，又称钟鼎文

远古的传说渐行渐远，那个造鼎的时代也成为上古之谜，消失于人们的视线。

迄今为止，人们已经发现的先秦青铜器铭文有1.4万余篇，其中商周金文共1万余篇，春秋战国金文3000余篇。据容庚《金文编》第四版记载，金文单字数共计3722个，其中已识的字2420个，仍有1000多字无人能解。

▲ 商朝器物上一些难以解读的文字

在那些不能解读的文字中，很大一部分出现在商朝的器物上。它们往往独立出现，或是同类字的罗列，有时还会附加一个“亞”字形边框。其笔画苍劲古拙，书风雄伟浑厚，器物本身夸张的纹饰更为这些字平添了几分神秘色彩。

刘雨（故宫博物院研究员）：“铭文多数都是一二个字。叫‘族徽’，后来有人叫‘族氏’，这两个名词都是郭沫若先生发明的。他认为青铜器上这些铭文，都是图腾时代的孑遗。”

青铜器上的文字，曾与甲骨文一起见证了一段文明的历程。

朱凤瀚（北京大学历史系教授）：“甲骨是用来占卜的东西，需要将占卜之后的一些情况记录在上面。而金文，铸在青铜器上，我们说它要美观，有时候更加显得敦厚、浑厚，这是因为它们的用途、载体不一样。”

从某种意义上，我们可以把甲骨文看作我们的手写体，那么金文就可以说是我们的印刷体。

自宋朝以来，人们就注意对金文进行搜集、著录和研究，它与石刻一起被称为金石学。现代考古学进入中国以后，对金文的解读进入了更为科学的阶段。

当历史掀开周王朝崭新的一页，甲骨占卜渐渐成为记忆，当简牍、绢帛

▲ 利簋

腐朽不存的时候，青铜铸造的金文注定成为研究周朝历史最重要的文献。

那曾是一个辉煌的王朝，从公元前11—前3世纪，周朝共传30代37王，历时800余年，其间分为西周和东周。西周文献很少，长久以来，西周的历史只留给后人一些模糊的记忆。所以需要用金文来补充，因为金文更加具体、真实。

1976年3月，陕西省临潼区出土了一件青铜器——利簋，它的出土，为我们确定了周朝立国的确切时间。

利簋：利簋，西周早期青铜器。为周武王时官吏利所作。利簋通高28厘米，口径22厘米，重7.95千克。侈口，鼓腹，双兽耳垂珥，方座圈足，为典型的西周早期风格。现藏于中国国家博物馆。

利簋全文共32字，记载了武王灭商后第8天，在一个叫“阑”的地方，赐给右史“利”一些青铜，于是利就铸造了这件器物。它所记录的伐商时辰与《逸周书》及《尚书》中描述的完全吻合，无可争辩地肯定了“牧野之战”的具体日期。此外，有专家认为，铭文还提供了一条极为重要的线索——“岁鼎”。“岁”即为木星，“岁鼎”指的就是那天清晨有“木星中天”的现象。结合利簋铭文记载，专家们综合天文、历法等知识，得到了武王克商的确切年份：公元前1046年。

从这件青铜器可以看出，这一时期的铭文逐渐趋于工整，线条变得圆曲婉转，与商朝一二个字的族徽文相比，长篇的铭文开始出现。

▲ 何尊

就是说，从西周早期开始，金文的史料价值在加强，因为它的文字比较长，而且记载了当时的很多战争、征伐，还有一些重要的礼制、重要的活动。

还有一件叫作何尊的青铜酒器里，铸有122字的铭文，人们第一次在铭文中发现了“中国”两字，使之成为“中国”一词最早的文字记载。

▲ 簋

李学勤：“这个中国就是‘国中’，全国之中，或者土地之中，有时候在古书里也叫‘土中’。这个土中就是整个大地的中心。”

西周的青铜器逐渐以平实简朴取代了商朝的狞厉神秘，铭文内容也更加丰富。透过那些文字，3000多年前的历史尽显眼前。

大盂鼎铭文铸有291字，距今约3000年，记载了周康王对贵族的训诰和赏赐。

墙盘铭文铸有284字，距今约2900年，记述西周六世先王的重要事迹及做器者的家世。

大克鼎铭文铸有290字，距今约2800年，记述周王对大臣的任命及赏赐。

逨盘铭文铸有372字，距今约2800年，内容涉及西周王朝13位王中的11位，历史跨度达200余年。

刘雨：“可以说，中国的青铜文化是世界范围内最辉煌的文化。没有见过哪一个国家像中国商朝有那么繁复的纹饰；也没有见过哪个国家的青铜器上有四五百字的金文，这些都是举世无双的。”

在夏商周漫长的青铜岁月中，青铜器远远超出普通器物，成为立国重器和王权的象征。

有人说，中国文化的基因和特点有许多都是在西周开始的。中国几千年封建社会的体制框架在那时基本成型，中国人几千年来遵循的人伦观念也在那时被强化。

李学勤：“今天我们的经典，称为诗书礼乐，包括周易，都是在这个时代产生的，这是一个中国礼乐制度、中国礼乐文化奠基的时期。”

殷人尚鬼，周人尚礼。周人用一系列不容侵犯的严密制度，规定了贵族各阶层的尊卑、贵贱，并最终形成一套极为完善的治国典制。据后世流传的礼书记载，周朝实行的礼仪制度高达3000多种，其中相当一部分在金文中有所体现。

在鄂侯驭方鼎的铭文中，记录了周王与鄂侯驭方举行的一次射礼。

刘雨：“实际上，当时南方反叛部族的总头领就是鄂侯驭方，是他策动了对西周的反叛。周王打到南面去以后，在回来的路上突然他就到了鄂侯驭方的驻地，提出要跟他举行一次射礼。”

所谓射礼，就是按照一定的规则所进行的弓矢竞技。迫于周王南征的军事压力，鄂侯驭方在这次射礼中故意示弱。

刘雨：“他故意把箭射偏，这个铭文里叫‘休栏’，把箭射到了靶框上，表示他输了。王没有领他这个情，‘王扬’，就是射过了、射高了，王也扬了。之后两个人一块喝罚酒，哈哈一笑。那是在互相摸底。”

在钟鼓齐鸣的美妙乐声中，礼乐制度大大增强了王室、贵族之间的凝聚力。受其影响，分封、赏赐、战争、契约等逐渐成为铭文的主要内容。作为个人与家族功绩及政治地位的象征，人们希望这些器物能够永久流传，因此，在铭文的结尾处常常铸有“子子孙孙永宝用”这样的句子。

社会的繁荣发展大大促进了人们之间的沟通，这一时期金文所使用的单字明显增多，尤其形声字在汉字发展史中取得优势性地位，就是从这时开始的。

夺目的文字，雄奇的庙堂之器。

先民究竟如何铸造一段辉煌的文明？

经历了诸侯争霸战乱的洗礼，曾经灿烂的文字又发生了哪些变化？

陕西省扶风县，人们把它叫作周原。它是周文化的发祥地，也是周人顶

▲ 大盂鼎铭文

礼膜拜，祭祀天地、祖宗的圣地。这一带地下文物之丰富世所罕见，其中包括举世闻名的毛公鼎、大盂鼎、克鼎、墙盘等一大批青铜重器。据统计，不包括古代发现的青铜器，近百年来，几乎每年都有青铜窖藏被发现，动辄一窖十几器乃至上百器。一些文物经历了战争的洗礼，被带到了北京、上海，甚至流入欧美，进入世界各大博物馆。

时至今日，这里仍不断有稀世珍宝面世，因此，包括周原在内的宝鸡地区被人们称为“青铜器之乡”。

2003 年，春节刚过，由徐天进领队的周原第三次大规模考察开始了。在一个叫李家村的地方，大量的红烧土露出地表。挖下去以后，出土了大量的陶范，还有一些熔铜的炉子和炉箅。考古队发现的是一座 3000 多年前的铸铜作坊。

今天，我们仍然能在周原看到许多青铜器加工厂。现在人们采用的是一种叫作失蜡法的铸造方法。运用现代的工具和技艺，将这些古代的青铜精品大量复制。那么，3000 多年前的先民，又是如何将那些精美的器物和文字铸造出来的呢？

▲ 大盂鼎铭文

古代所用的叫陶模法，用的是陶模。将做好的模具放入窑炉中烤制，然后注入超过 1000 摄氏度的青铜液。

铜液浇进去以后再慢慢地退火，冷却了以后把模子砸掉将鼎拿出来。

一套内模和外模只能做一件铜器，这样，这件铜器便是独一无二的。

后母戊鼎：于 1939 年 3 月在河南省安阳市武官村北的农田中被发现。原称司母戊鼎，是中国古代已知的最大最重的青铜礼器，鼎腹内壁铸有铭文。2011 年 3 月，原司母戊鼎正式改称“后母戊鼎”。

据专家分析，以我国目前所见最大、最重的青铜器——后母戊鼎为例，除去鼎耳需单独铸造，鼎身共需用外模 24 块拼合。如果用可熔铜 12.7 千克的容器冶炼，则需要二三百人合作才能完成。

铭文的内容，肯定是由文人来完成。但是铸造它，把它变成范，然后再翻出文字来，就是由工匠来做的。

在战争频繁的先秦时期，战败的俘虏可以被随意处死，唯独有一种人不会被杀掉，他们就是掌握着特殊技能的手工艺人。

每件器物在刚出炉时都会呈现出金黄闪亮的色泽，那才是青铜最本质的颜色。就这样，一件件精美的工艺品从火红的熔炉中出来，传到了天子贵族的手中，又带着古人的气息穿越时空，流传至今。

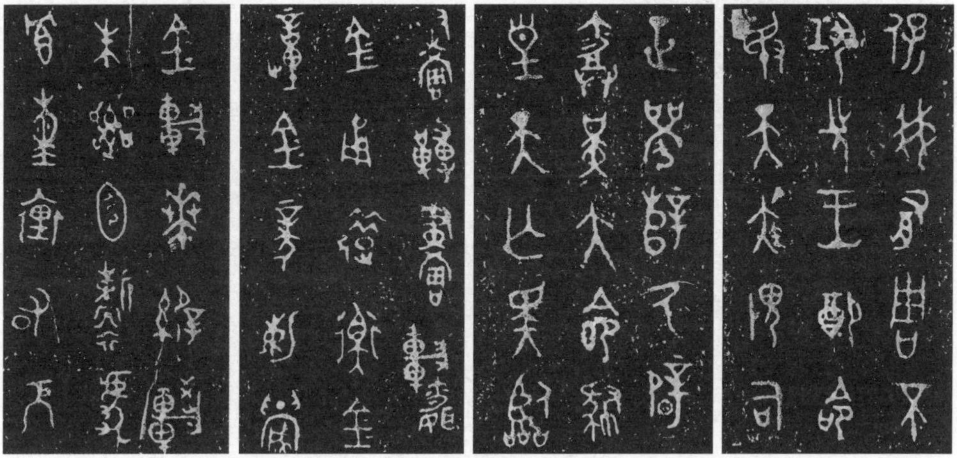

▲ 毛公鼎铭文字体

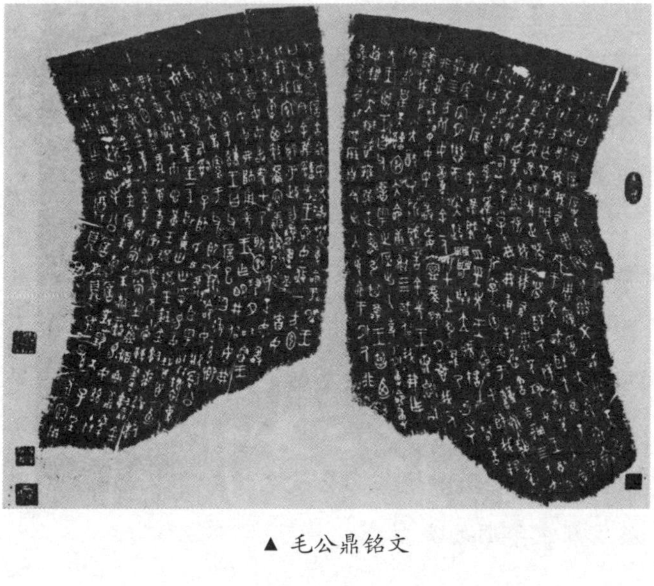

▲ 毛公鼎铭文

▲ 毛公鼎

毛公鼎，号称天下第一铭文，全文共497字，其字体奇逸飞动，气象雄浑。铭文记述了周宣王对毛公的任命和勉励，如此古老而完整的文献，郭沫若先生称它“抵得上一篇《尚书》”。

有人说，中国商周金文里所表现的章法之美，令人相信仓颉四目窥见了宇宙的神奇，获得自然界最深妙的秘密。金文到此发展到它的顶峰。

到了春秋、战国时期，旧的礼制迅速崩溃，列国纷争的局面愈演愈烈，各国的文字也呈现出浓厚的地域色彩。

有着中国第一古物之称的石鼓文，就是刻在鼓形石头上的文字。它上承西周金文，下启秦朝小篆，体态堂皇大度、圆活奔放，后世学篆者皆奉其为正宗。它是战国文字中西土文字的一支代表。

战国时期，不同地区使用的汉字统称为战国文字，著名学者王国维将其分为两大系统，分别是东土文字与西土文字。西土文字是秦国的文字系统，后世称为“籀文”或“大篆”。它因直接承袭西周金文，所以在字体上保持了较为严谨统一的风格；东土文字则包括齐、楚、燕、韩、赵、魏中原六国的文字系统，最明显的特点是笔画的随意简化或繁化，形体结构极为混乱。

董琨（中国社科院语言所研究员）：“在中原六国中，楚国独树一帜。它没有对中原、中央王朝的依赖性，所以胆子比较大，它是最早立‘王’这个称号的。像我们讲‘问鼎’‘问鼎中原’说的就是楚国。”

在这种神秘奇诡、浪漫潇洒的文化浸润中，楚人用自己灵巧的双手和不羁的想象力，创造了精美绝伦的青铜艺术，并创制了一种颇为独特的字体：鸟虫书。

董琨：“鸟虫书的鸟形，实际上就是凤凰，是楚国的一种图腾。那完全就是美术字了，属于非常华丽的类型。”

到了春秋晚期，许多诸侯国出现了言语异声、文字异形的现象。这时的汉字不仅一字多体、繁简并存，而且因区域不同各具特点。作为共同使用的交际工具，这种状况必然会有许多不便。但这种异形究竟到了什么程度，是不是彼此之间都不能识别了呢？

王宁（北京师范大学中文系教授）：“文字异形的说法常常被误解为，文字被分化为不同的字了。同样是这些字，它写法可能有些差异，我们叫异写。有些是异构，就是构造可能不一样，但它还是这个字，只是风格上有所不同。”

1978年，湖北省随州市发现曾侯乙墓，出土的240余枚竹简，是目前发掘出土时代最早的竹简之一。它的出土，让后人看到了字体演变的关键环节。

战国中后期，竹简、帛书的手写体文字占到主导地位，它们普遍具有扁平欹斜、简易草率的倾向。这时，文字不再被统治者和贵族所垄断，儒、法、道、墨等各种思想流派相继产生，他们著书讲学，互相论战，用手中的笔墨书写着留传后世的历史。

在今天我们所见到的出土文物中，文字的载体多种多样，简牍、缯帛、兵器、货币、玺印、玉石都成为铸刻或书写文字的材料。就在不同材质、各种形体的文字层出不穷之时，铁器出现。历经1500余年，青铜完成了时代赋予它的使命，金文也渐渐退出了历史舞台。

公元前221年，秦统一六国，秦始皇对货币、度量衡等实行大规模的统一政策，他命令李斯等人对当时的秦国文字统一整理，以一种新的字体颁布全国，与秦文不符的六国文字全部废除，这种字体被后世称之为小篆。

张传玺（北京大学历史系教授）：“文字是语言的载体，是文化载体，它的意义非常重大，所以把统一文字作为国家统一的一个重要措施，非常高明。”

这次以小篆为标准的文字规范化运动，就是“书同文”。《峄山刻石》是小篆的代表之作。《峄山刻石》字体端庄严谨，疏密得当，被人评之为“画如铁石，千钧强弩”。与石鼓文相比，小篆的字形进一步趋于规整匀称，象形程度进一步降低，一部分字形明显简化。

“书同文”的政策，一举结束了春秋战国以来汉字长期混乱的局面，成为

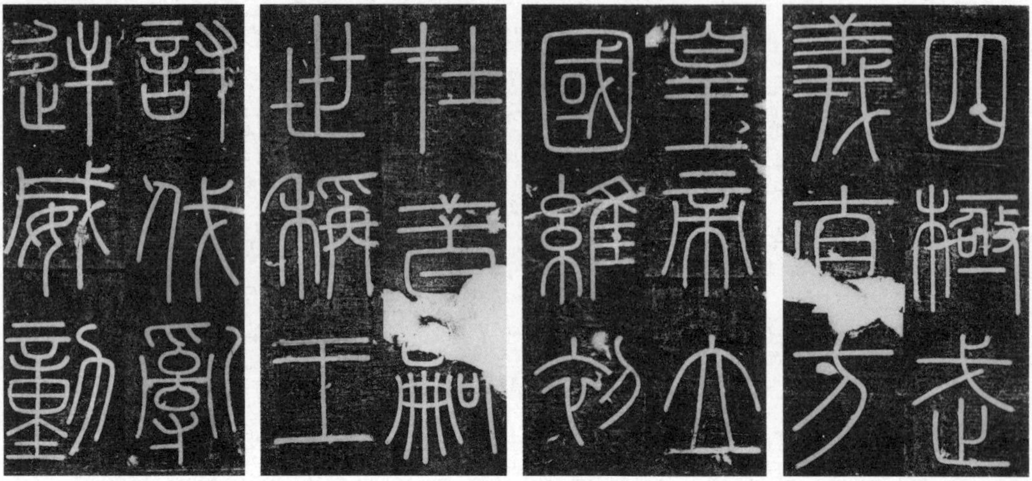

▲ 峄山刻石

汉字发展史上第一次大规模的文字规范化运动，大一统的文化观念深入人心，后世虽经历战和更替、聚散分合，却从不曾割断共同的文化传统，文明承续始终如一。

秦王朝颁布了严酷的政策法令，小篆迅速在全国推行开来。但实际上，除了李斯的泰山刻石，后世对秦朝小篆的踪迹一直罕有发现。

四、隶行天下

2002年，湘西小镇里耶，一口神秘古井的发现，引来众多惊叹的目光。在这口巨大的古井中，36000枚秦简相继出土，而此前各地出土秦简的总数不过3000枚。随着简牍上的淤泥一点点被清除，2000多年前的文字逐渐显现。令人震惊的是，这居然是一份秦朝的官署档案，其纪年从秦始皇二十五年一直延续到秦二世二年（公元前222—前208），十余年间一年不少，几乎跨越了整个秦朝。

里耶秦简是我们在古文字的文物出土历史上最重要的发现之一。

春秋战国时期，“言语异声，文字异形”，公元前221年，秦始皇一统天

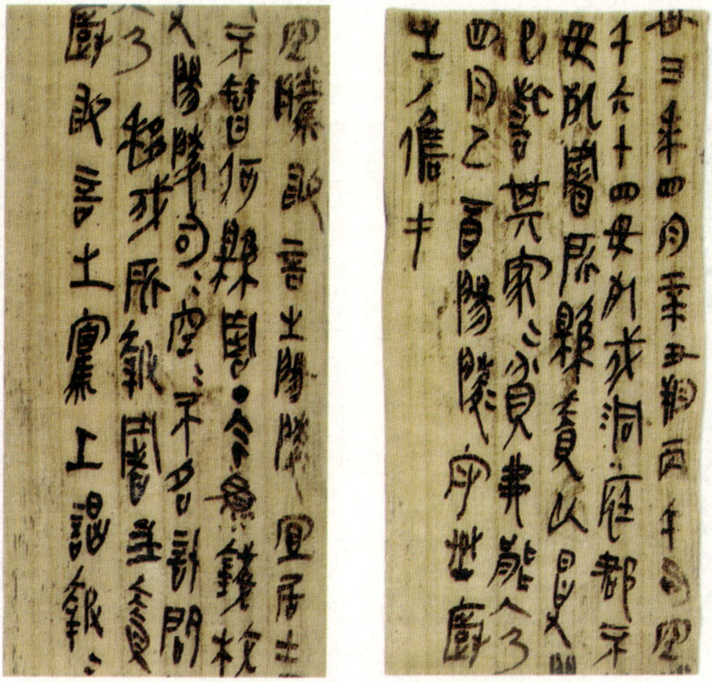

▲ 湖南省云梦县出土的里耶秦简

下，大力推行“书同文”政策，以小篆统一中国文字。然而，在里耶累积十余年的官署档案中，竟没有一枚竹简上写有正规的小篆。

李学勤：“这是一个非常独特的发现，从文字学来看，它使我们更多地看到了当时作为政府流行的这种秦隶隶书的一个真实面貌。”

事实上，除了李斯的泰山刻石，后世对秦朝小篆的踪迹一直鲜有发现，而秦隶却随着简牍大量出土。这不禁令人疑惑，秦王朝当年究竟是以小篆还是秦隶推行的“书同文”呢？

关于隶书，有这样一个故事：相传，秦朝有一个叫程邈的狱吏，因为得罪秦始皇而被捕入狱。他原本负责文书一类的工作，深知小篆书写复杂。为消磨时间，程邈在狱中苦思十年，将小篆删繁就简、化圆为方，创立了一种新的字体，这就是隶书。

据说秦始皇看后非常欣赏，不仅释放了程邈，还将隶书发交官府，辅助

▲ 铭文书法

小篆使用。事情的真相果真如此吗？

湖北省云梦县，一段偏僻的铁路。1975 年 12 月 19 日，在附近一处墓葬的棺椁中发现了大量竹简。

墓葬的主人叫喜。这些陪伴了他 2000 多年的竹简，字迹依然清晰。从字形上看，很多字的写法与正规篆书明显不同，跟西汉早期的隶书却极为相似。

李学勤：“一些曲笔变成了直笔；有了轻重疾徐，有了一定的连笔作风。笔画之间也不那么圆转，出现了方折，尤其是结构上出现了很多简化。”

据专家判断，这是典型的秦隶。秦隶的出现不禁让人想起“程邈造隶”的传说。那么，喜又生活在一个怎样的时代呢？在出土的 1100 多枚竹简中，绝大部分是秦国的法律条文，但墓主人头下的一部《编年记》却显得非同寻常，因为它很像是一部自传。

作为一名地方法官，喜十分敬业。他不仅抄写了大量法律文书，还按年代将生平大事逐一记下。

公元前217年，在地方做了20多年法律事务的喜，与他执着了半生的法律条文一起长眠于地下。这一年，是秦始皇完成统一大业之后的第4年，而这些被他视同生命的竹简显然不是在秦统一后才开始抄写的。

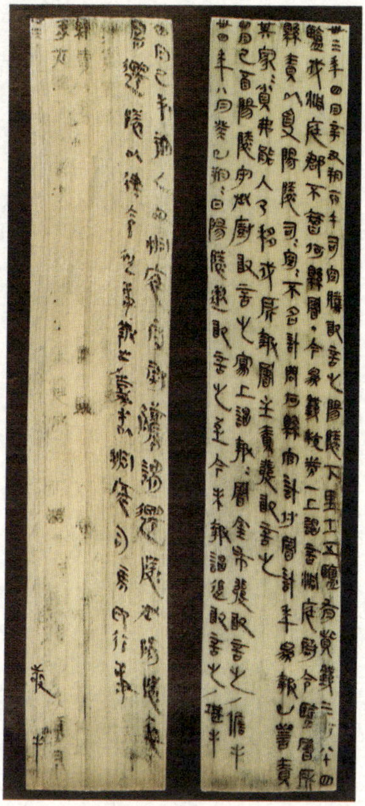

▲ 湖南里耶秦简

无论传说与现实有着怎样的距离，有一点是毋庸置疑的：一统天下的秦始皇推行了小篆，也承认了隶书，那时秦隶已经有了较为普遍的使用。这些简牍上的字迹，不过是汉字在由篆到隶的演变过程中被定格的某一个瞬间。而演变的秘密，也许就藏在某一个小人物匆忙间挥就的笔画里。

两片写满字迹的木牍，是中国已知最早的家书。巧合的是，它们也是1975年在湖北省云梦县发现的，出土地点与“喜”的墓葬相隔不远。家书上的字迹比较潦草，似乎是怀着某种迫切的心情急速写成的，但字体比“喜”的墨迹更接近于后来的隶书。那么，究竟是什么人留下了这两封家书？

李学勤：“家书是在秦统一前夕写的，其中一个人叫黑夫，另一个人叫惊，是兄弟两个，都被秦人征兵了。征兵后给家里写了一封信，说他们还要些吃穿用的东西，请家里更多地支持他们。

幸运的是，家中的母亲和哥哥最终收到了他们的家书。哥哥与两位兄弟的感情一定非常深厚，以至于在他离开这个世界的时候，把这两片木牍作为最珍贵的陪葬品，永远带在了身边。”

2000多年过去了，木牍上的墨色已不再浓重，但是那些在战争中急速书写的字迹，却在不经意间透露了汉字演进史上一个极其重要的规律：汉字一直有两种或者两系。一种是比较正规的写法；还有一种是比较潦草的写法。

潦草的写法往往比较前卫，通过比较潦草的写法诞生出一种新体。

一种新字体的产生漫长而艰辛，它不仅孕育在日常潦草的笔法中，更与社会的发展和时代的变革息息相关。

《水经注》：《水经注》是6世纪北魏郦道元所著，是我国古代较完整的一部以记载河道水系为主的综合性地理著作。

黑夫和惊的家书简短而匆促，却在潦草的笔墨间蕴含着隶变的潜流。在苍茫的岁月中，人们能否找到关于隶书更为久远的痕迹呢？

北魏郦道元的《水经注》中，一段记载似乎透露出一个特别的信息。书中说，曾经有个临淄人发现了一处古墓，墓中放置的竟然是齐太公六世孙胡公之棺。更令人惊讶的是，在这位齐国君主的棺椁上隐约写有隶书的字迹：

“惟三字是古，余同今书。证知隶自古出，非始于秦。”

齐胡公的时代要比云梦秦简早几百年，难道那时的齐国已经有隶书出现了吗？

王宁（北京师范大学中文系教授）：“隶书多少是有些简化的，中国的文字不是属于战国哪一个诸侯国的，它是整个中华民族文字的一种延续，谁写字写快了，总是要有简化的。”

但是，这次发掘毕竟是郦道元辗转听来，棺椁上的字迹早已无从求证。

然而，在云梦秦简出土后的很长一段时间里，人们再也没有发现一枚写有隶书的更早的秦国简牍，它们真的在时光的磨砺中销声匿迹了吗？

1982年1月，《文物》杂志上的一篇发掘简报引起了专家的注意，在四川省青川县发现的一处战国墓葬群中，有一片木牍显得非常特殊。青川这个地方原来应该属于巴蜀的，就是说当时那个地方应该用巴蜀文字，而青川木牍上面使用的却是秦文字。

消失已久的秦国简牍突然在巴蜀出现，令文字学家激动不已。因为，作为战国时期的秦隶墨迹，很可能会将隶变开始的时间进一步改写。那么，这片木牍究竟书写于何时呢？

经过一番周密的考证，专家将木牍的书写时间定为秦武王二年，即公元前309年。比秦始皇统一中国整整早了88年，比云梦秦简也早了几十年。有了简牍文字的证明，再辅以大量的兵器铭文、印文、陶文，隶变开始的时间已不仅仅是猜测。

赵平安（北京师范大学中文系教授）：“用材料说话，把隶书推到战国中期，保守一点说，推到战国晚期应该是没有问题的，是有充分依据的。”

《史记》记载，秦惠王更元九年，即公元前316年，秦灭巴蜀。此时的青川早已是秦国的属地。青川木牍上面的内容属于秦的田律，秦打到那儿以后，就用秦文字来推行他的法律。

湘西小镇里耶，在2000多年前的战国时期，是楚国的西大门和中原通往大西南的黄金水道，更是秦楚大战的必争之地。

公元前223年，楚国灭亡。1年后，里耶的官署档案上出现了秦的纪年。而与此同时出现的，是一场文字的变革。

张春龙（湖南省文物考古研究所研究员）：“楚国的文字跟秦的差别，比秦跟别的国家差别要大，比方这个‘马’字，楚国文字就是画一个马头，也就是画两根鬃毛底下再画两道；北方基本上是把马的那个形状画出来了。”

▲ 秦、楚的文字差异

当人们再次把目光投向里耶秦简，面对简牍上特色鲜明的秦隶，那个历史性的谜题又一次摆在面前：秦王朝究竟是以小篆还是秦隶推行“书同文”的呢？

“书同文”用类似于后世的古隶来统一全国用字，实际上是很早就在进行了。

▲ 隶书的书写要比小篆来的简便、快捷

王宁：“小篆是线条构成的，描画它很慢；而隶书一开始就称为今文字，就出现了笔画。笔画和线条的不同是，它有起有落，而且有一个顺序，这样书写速度就加快了。当时在主观上想用小篆来统一，而实际上真正推行的统一全国用字还是隶书。”

到了汉朝，隶变慢慢地从量变到质变。汉隶延续至今，与秦隶相比，它彻底摆脱了篆书的盘曲圆转，字体扁方平整，横画蚕头燕尾、波磔鲜明，撇捺左右分张、起伏有致。

作为成熟的隶书，它的特色究竟是从什么时候开始显现的呢？

赵平安：“汉朝前期是继承秦隶的写法，大概汉武帝以前那个隶书还属于古隶阶段，汉武帝以后慢慢地演变出新的隶体，就是后世所谓的八分。”

但是，这样的看法并非自古有之。在20世纪之前，石刻文字几乎是研究汉朝隶书的唯一资料，根据这些资料，人们大都把八分字体形成的时间定在东汉中晚期。那么，究竟是怎样的发现改变了这个延续千年的结论呢？

1907年，英国考古学家斯坦因在敦煌北部的大漠遗址中发现了700多枚汉朝木简，拉开了汉朝木简出土的序幕。

1930年，由瑞典探险家斯文·赫定和中国学者共同组织的中瑞西北科学考察团来到内蒙古的额济纳旗，也就是历史上的居延城，最早叫作弱水流沙。在这片亘古的沙海中，1万多枚汉朝木简穿越千年尘封，奇迹般出现在考察团面前。其数量之巨大，保存之完好，令人惊叹，学术界称之为“居延汉简”。

中华人民共和国成立后，考古工作者对敦煌、居延地区进行了再发掘。在对出土汉简的整理中，人们惊奇地发现，汉武帝时期，隶书的风貌正在悄然变化。

从出土汉简不难看出，汉武帝时期是秦隶到汉隶的过渡期。可是，为什么如此鲜明的过渡会产生在汉武帝时期的木简之上呢？又是什么原因让数量如此庞大的汉朝木简出现在大漠戈壁？

在茂陵东侧，有一座状如祁连山的大型墓冢，埋葬着汉武帝最钟爱的将领——骠骑将军霍去病。

霍去病的生命短暂而辉煌，他18岁率兵作战，23岁猝然离世，短短5年间先后多次讨伐匈奴，打通了中原直达西域的河西走廊。

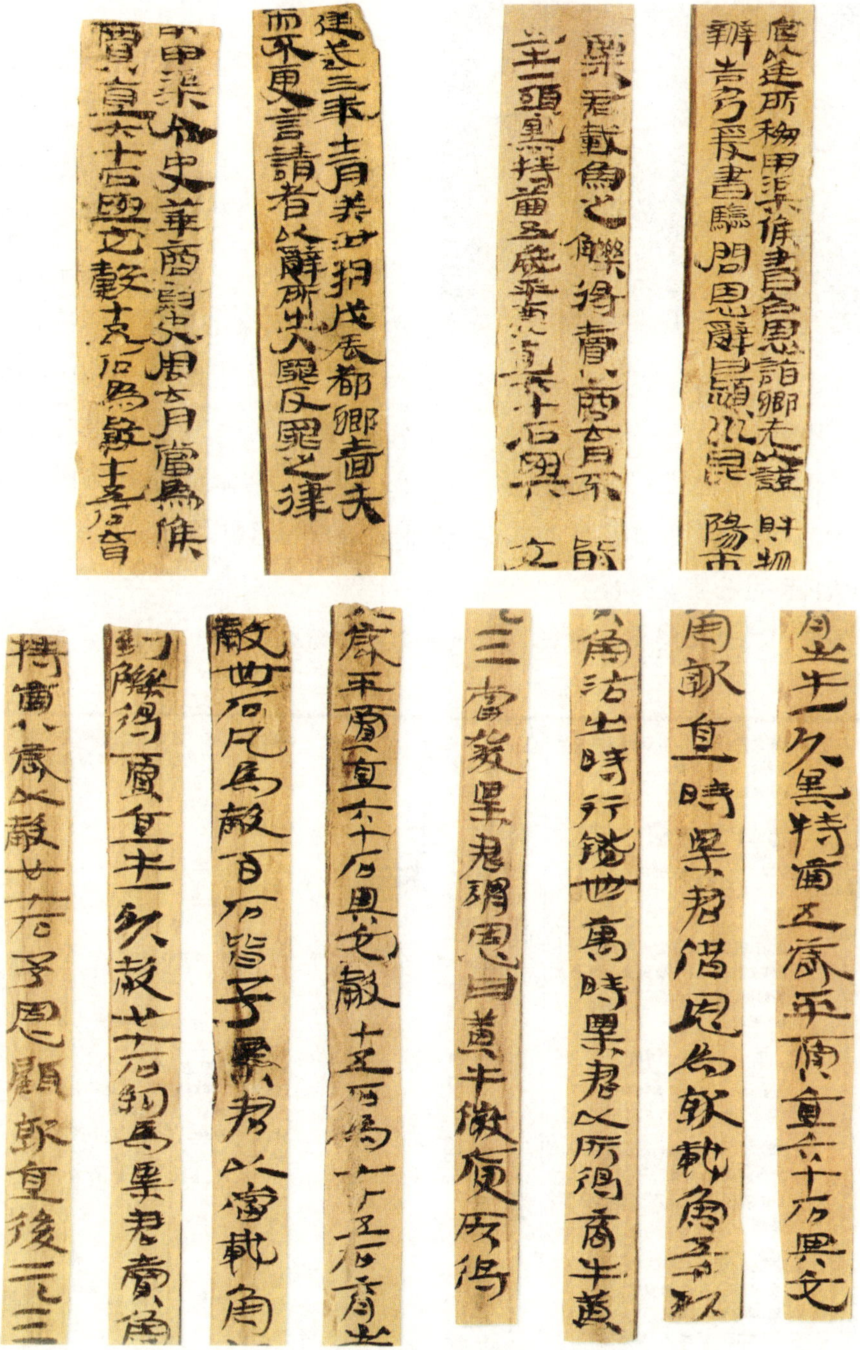

▲ 内蒙古居延汉简

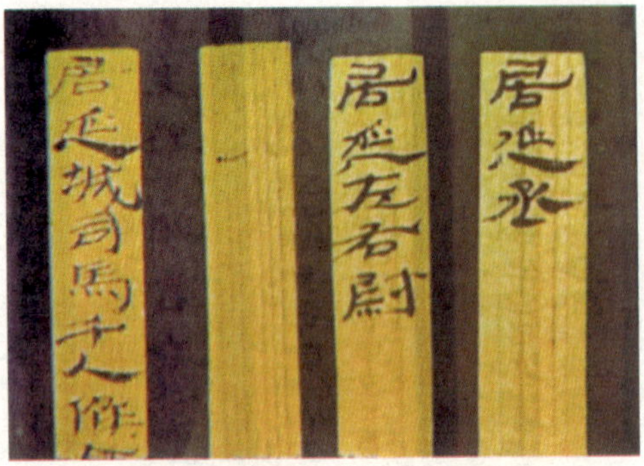

▲居延汉简

此后，在连接东西方要道和漠北草原与河西走廊的中心地带，汉武帝派军修筑了居延城。于是，无数的城墙与烽燧出现在大漠之上。

汉武帝对匈奴的征讨和对西域的控制决定了大批汉简的出现，戍边军民对文字的使用则印证着隶书的演变，是大漠的风沙卷走了岁月，珍藏了历史。

121 年，一辆马车正赶往洛阳，车上的人奉父亲之命要将一个硕大的木箱呈献给当朝皇帝。箱中盛放的并不是价值连城的奇珍异品，而是一部书，这就是流传后世的《说文解字》。

王宁：“《说文解字》体现了汉字学全部的精神，第一次对‘六书’做了

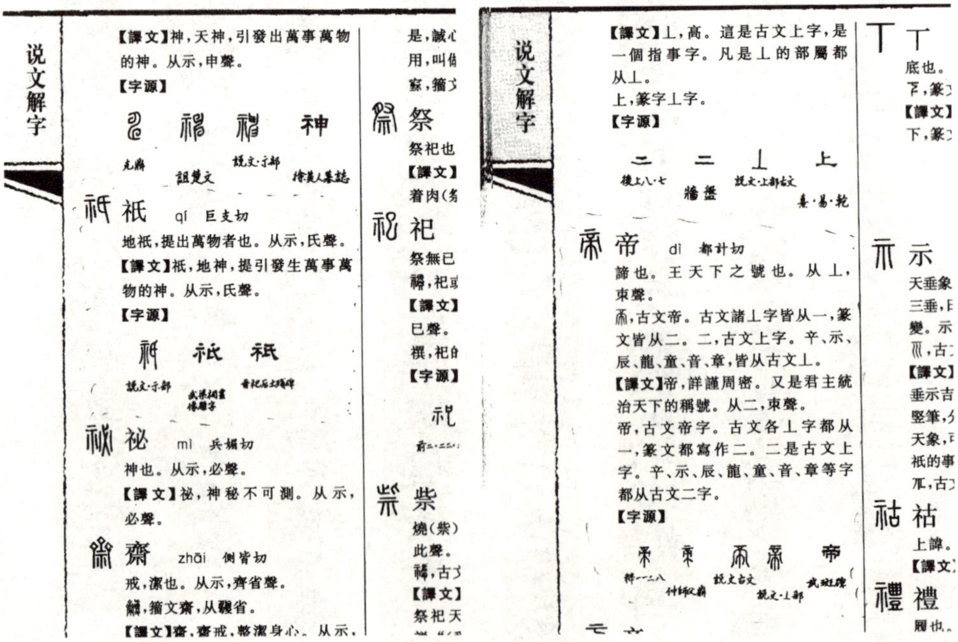
说文解字

【譯文】神，天神，引發出萬事萬物的神。从示，申聲。
【字源】

祇 qí 巨支切
地祇，提出萬物者也。从示，氏聲。
【譯文】祇，地神，提引發生萬事萬物的神。从示，氏聲。
【字源】

祕 mì 兵媚切
神也。从示，必聲。
【譯文】祕，神秘不可測。从示，必聲。

齋 zhāi 側皆切
戒，潔也。从示，齊省聲。
𪗋，籀文齋，从襲省。
【譯文】齋，齋戒，整潔身心。从示，

說文解字

【譯文】丄，高。這是古文上字，是一個指事字。凡是丄的部屬都从丄。
上，篆字丄字。
【字源】

帝 dì 都計切
諦也。王天下之號也。从丄，朿聲。
帝，古文帝。古文諸丄字皆从一，篆文皆从二。二，古文上字。辛、示、辰、龍、童、音、章，皆从古文丄。
【譯文】帝，詳謹周密。又是君主統治天下的稱號。从二，朿聲。
帝，古文帝字。古文各丄字都从一，篆文都寫作二。二是古文上字。辛、示、辰、龍、童、音、章等字都从古文二字。
【字源】

▲《说文解字》实例

定义，并把每一个汉字都用六书解释了一遍。用六书把字的字理全部给勾画了出来。”

《说文解字》共收字9353个，以小篆为字头，是我国第一部首创部首、分析字形、考究古音、总汇古义的字典，对汉字系统的形成产生了巨大影响。它的作者就是被后世尊为“字圣”的许慎。

《说文解字》耗费了许慎毕生的精力，当书稿完成的时候，他已经是一位年迈的老人了。写成的书，大概有1万多条竹简，他搬都搬不动了，就派他的儿子许冲赶着马车去送给皇帝。

许慎几十年的心血，换来的仅是当朝皇帝赐予的40匹布，但对许慎最大的褒奖来自千秋万代的铭记。

高明（北京大学考古文博学院教授）：“如果没有《说文解字》，商朝、西周的金文，跟现在隶书和楷书，就断代了。因为《说文解字》有小篆的基础，所以它有个承上启下的重要作用。”

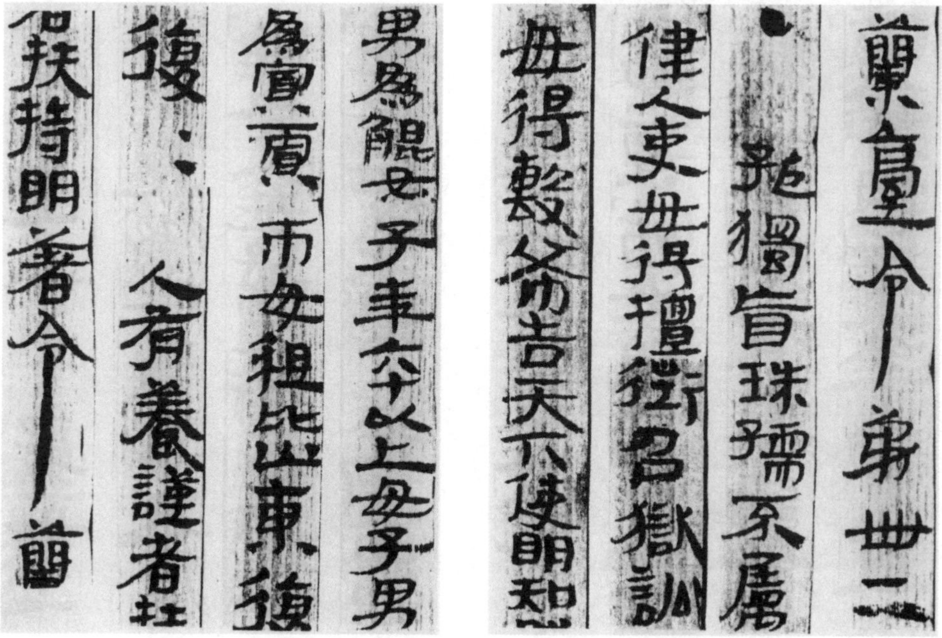

▲ 汉简文书

曹光擢（原国家语委副主任、教授）：“在它以前不可能有这样的书，在它以后也不会有了，所以叫‘千古一书’。”

经历了汉武帝的初创和光武中兴的重建，太学在东汉时期达到鼎盛。184年，太学门前突然变得异乎寻常的拥堵，据说每天有超过1000辆的车子在门前停留观望。

他们观望的是学府门前的一块块石碑，这些石碑就是闻名于世的《熹平石经》。《熹平石经》始刻于汉灵帝熹平四年（175），上面刻写的是《尚书》《论语》等儒家经典著作，书写者是一个叫蔡邕的人。蔡邕是当时公认的书法大家，所以让他来写。

▲ 熹平石经

作为标准的官方字体，《熹平石经》成为汉隶成熟期的典型代表。东汉中晚期，碑文化骤然兴起，石刻文字基本完成了隶变过程，走向成熟。

欧阳中石（首都师范大学中国书法文化研究院教授）：“在隶书的隶变中产生了许许多多的写法，显然篆书以纵向取势，隶书以横向取势，这样走下来，就是说，纵横全有了，所以形成我们汉字的方块字。”

赵平安：“隶变产生的影响是很大的，现代汉字一些基本的笔画：点、横、竖、撇、捺，就是在隶变过程中形成的。它的形态更加丰富，书写起来更有节奏感。方块汉字实际上就是在隶变过程当中形成的。”

隶书的简易和快速书写以及在笔势上的改进，促进了楷书、行书及草书的发展，汉字字体趋于完善。

“汉，漾也。东为沧浪水。”这是《说文解字》中对“汉”的解释。《诗经》中曾有这样的诗句：“维天有汉，监亦有光”。这里的“汉”是指天上的银河。当我们的祖先诗意地仰望那群星闪烁的夜空时，不知他们是否意识到，后来以同一个字命名的词语“汉字”，也在斗转星移中流成了一条悠长而璀璨的“河”。

五、挥毫千秋

105年，担任汉和帝尚方令的蔡伦，在总结前人制造丝造织品的经验基础上，用树皮、破渔网、麻头等原料，制造出适合书写的植物纤维纸，被称为“蔡侯纸”。

作为一种新的信息载体，纸张的出现，让汉字的书写跨越千年的简帛时

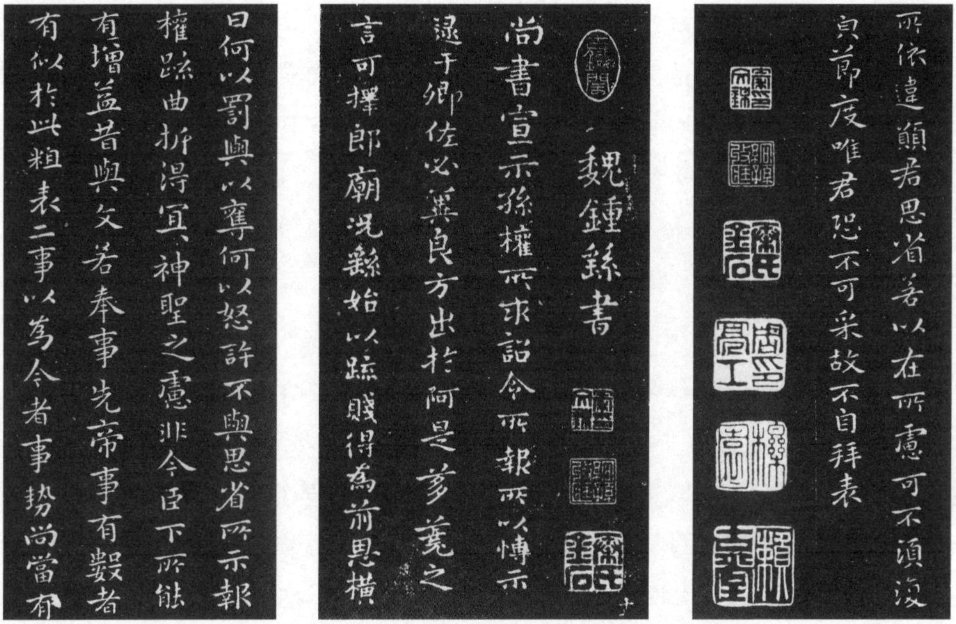

▲ 钟繇书《宣示表》

代，让笔墨的气息不经意中添入了灵动与潇洒。而整个文明的进程，也在这看似一小步的跨越间，被悄然推动了……

发行于2007年的楷书邮票中，位列首席的是钟繇的《宣示表》。有人曾这样评价："《宣示表》是从隶书引向楷书之后的第一类典范。"

在史书记载中，钟繇更为人熟悉的，是他卓越的政治才能和汉魏重臣的身份，而非善书之名。但"楷书之祖"的美誉，随着后人的追慕，随着汉字的发展，一并流传至今。他所处的时代正值隶书向楷书转变的过程当中，是他第一个写出比较正规的楷书风格，但是隶书的笔意还没有被完全去掉。

新体带着脱胎于旧体的痕迹，更带着冲破旧体的生命力。较之于书法家开风气之先的探索，民间手写体的革新潮流也从未停止过前进的脚步。

后世最为人熟知的几种字体，就这样悄然萌芽在书法家们的笔端，更在那些不知名的陶瓮砖瓦间，透露着人们最朴素的智慧。

楷书，后来作为官方正式字体，一直沿用至今，没有再衍生新的字体。汉字发展到楷书阶段，基本完成了它的演变历史，成为真正意义上的"方块字"。

叶培贵（首都师范大学中国书法文化研究院教授）："典型的楷书结构，它的横画总是要向右上略微倾斜的，正好符合我们手拿着毛笔运动的最方便的路线。完全画一条水平线，不方便；画一条垂直线，也不方便。楷书里面的'悬针'的那个针尖，恰好是笔锋最容易出尖的地方。所以楷书无论从笔画还是结构体势，都最符合毛笔的特点和手的特点。"

"点如山颓，滴如雨骤，纤如丝毫，轻如云雾。"这是后人对钟繇作品的赞誉，也是对汉字的礼赞。这般如诗如画的语言，或许是唯独汉字才可以触发的意境。

有人说，从先民创制文字伊始，就已经凝聚了美的意识，即使那些镂刻在甲骨陶片上的简单符号，也都记录着先民们曾经的精神家园。而从镂刻到书写，汉字距离艺术也越来越近。

绍兴的兰亭，潺潺的流水，似乎仍记忆着当年那场名传千古的雅集。

东晋永和九年的3月3日，春光旖旎间，王羲之与当时最负盛名的文人雅士相聚于“曲水”，进行着“流觞”的游戏，大家开怀畅饮、放声歌吟，41个人竟赋诗37首。诗成之后，众人推选王羲之作序，于是，就有了永垂青史的《兰亭序》。

董琨：“《兰亭序》整体摆脱了以前那种隶书的意味，写得非常飘逸，非常流畅，也非常具有形式美。字与字之间的组合，还有不同的造型，其中二十几个‘之’字，每个‘之’字都不同，显得非常成熟和完美。所以被誉为天下第一行书。”

时空辗转，虽然真迹再难觅踪影，但《兰亭序》早已超越了一幅行书作品的简单意义，成为中国文化的一座里程碑。

魏晋六朝是一个才思飞扬的时代，政治上的动荡不安，却激发了精神上

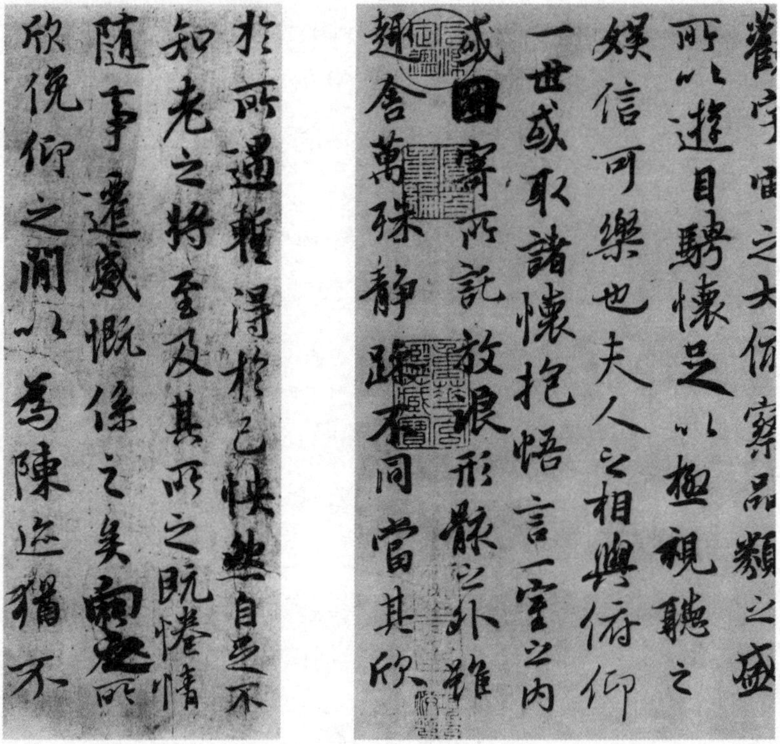

▲ 王羲之《兰亭序》部分

的自由与解放。

“旧时王谢堂前燕，飞入寻常百姓家”，诗句中显赫非常的琅琊王氏就是指王羲之的家族。当年，除却政治上的显达，琅琊王氏在整个书法史上，也可谓是最煊赫的一族。而其中最为闻名的，除了王羲之，还有他的儿子王献之，后世并称为“二王”。

王献之以行书的笔意写楷书，以草书的笔意写行书，介于二体之间，却又兼备二体之长，形成了一种独特的风格。正如唐朝书论家张怀瓘所评：“非草非行，流便于草，开张于行，草又处其中间……有若风行雨散，润色开花，笔法体势之中，最为风流者也。”

魏晋是属于书法的时代，追求书写的美感成为一种社会风尚，也真正成为中国文人一种心灵的寄托和一种不能须臾或忘的精神活动，而汉字在其间折射出的光彩，前无古人，闪耀至今。

河南省洛阳市的龙门石窟，始开凿于494年北魏孝文帝迁都洛阳，其后到宋朝初年，历经400余年。

龙门现存大小洞窟2345个，佛像10万余尊，碑刻题记2840余块，其中有4篇堪称巨迹，被誉为“龙门四品”。

北朝石刻书法统称为“北碑”，又以北魏成就最高，故又称作“魏碑”。它们不是名家墨迹，甚至难考作者姓名，却以多样的形式、鲜明的特色，在书法史上独树一帜，影响至深。

唐朝，实在是一段令中国人提气的历史时期。一个朝代，兼有贞观、开元两个盛世，为人称道。政通人和，文化艺术璀璨，诗歌、散文、书法、绘画领域无不是成果辉煌。有一位西方历史学家说过，那时的唐王朝就像东方的一条巨龙，凌驾在整个世界之上。

创建于1087年的西安碑林，是收藏我国古代碑石时间最早、数目最大的博物馆，被人们誉为“书法艺术的故乡”，而碑林兴起的源头就是对唐朝《石台孝经》和《开成石经》的保存。

《石台孝经》是碑林中最大的石碑，刻于745年，为唐玄宗李隆基亲自书写。

《开成石经》，内容包括《尚书》《诗经》《论语》《尔雅》等12部经书，是目前仅存的一套完整石刻经书，被称为“世界上最大最重的一部书”。

有人把《开成石经》比喻成当年的“高考教材”。这部历时7年，由楷书刊刻的石经，促进了儒家经典的流传，同时也对经籍用字起到了强有力的规范作用。

在这次中国古代规模最大、影响最深远的汉字规范化运动中，有一本书是不可不被提及的，就是《干禄字书》。所谓干禄就是去追求功名，就是作为追求功名需要用的文字规范的一种书。

《干禄字书》的撰写者叫颜元孙，一个并不令人熟悉的名字，然而他的家族实在有太多值得大书一笔的地方，远祖可上溯到孔门弟子颜回，而其高祖父颜之推和伯祖父颜师古，皆以考注经史闻名于世。

在伯祖父颜师古《字样》的基础上，颜元孙完成了《干禄字书》。在这部书中，他第一次明确地将文字分为“正”“通”“俗”三体，并指出每一体的使用场合。

有人认为：与唐诗共辉煌的，还有唐朝的酒文化。翻开《全唐诗》，依然能感受到千年前的酒香，浓浓地飘洒着。在杜甫《饮中八仙歌》的描述间，有“眼花落井水底眠”的贺知章，有“长安市上酒家眠”的李白，更有“挥毫落纸如云烟”的张旭。相传张旭作书，往往在大醉之后，脱帽散发高喊狂奔。有时兴起，索性用头发蘸墨挥毫，一笔狂草，变幻莫测，人称“颠张”。

文献有记载的唐朝善书者就有640多人，上至皇帝，下至文人墨客，无不以一种高蹈的姿态和充沛的热情，参与其间，成为一场隆重的视觉盛宴。

叶培贵：“每一种字体都有一些杰出人士希望建立自己所在这个时代的新风格：狂草、篆书、楷书、行书都有。这样就形成了中国历史上第一次各种字体的全面发展，并且各种字体在这个时代都有代表人物的兴盛局面，这在中国历史上是少见的。”

就如繁星点点，最终汇聚成灿烂星河。唐朝的书坛就是这样一条光辉的银河。

敦煌藏经洞发现的唐朝写卷，行列严整，笔致挺秀，却是最普通的手抄书。在印刷术发明之前，文献典籍的制作整理都要依靠手工抄写。

叶培贵：“唐朝书法的繁荣，尤其是楷书的繁荣，归功于庞大的文教机构中无数不知名的抄书手以及寺庙里的经生，甚至一些文人在考试入学之前也当过抄书手等，就由这些人和那些著名的书法家们共同构建起来的。”

回溯千年，古老的汉字一路走来承载着源远流长的中华文明。

伴随着历史的发展、社会的前进以及众多书写者探索的步伐，汉字的诸种字体也迈向了全面的成熟与完备。

被誉为“文明之母”的印刷术，是中国古代四大发明之一。在对汉字发展和文化传承的过程中，造纸术和印刷术的发明居功至伟。

马克思在论及中国四大发明时说：“印刷术变成了科学复兴的手段，变成对精神发展创造必要前提的最强大的杠杆。”印刷术，将整个世界带入了一个崭新的时代，而汉字，也将以更为规整和稳固的面貌，继续书写中华文明的记忆。

六、百年沉浮

5000多年的积淀，3000多年的传承，汉字始终承载着古老中国最虔诚的信仰。然而，当历史步入19世纪，曾经至高无上的汉字却走到了从未面临过的十字路口。

1894年，甲午中日战争中，清政府惨败。消息传来，朝野震惊。

一度位列亚洲第一、世界第七的北洋水师竟被日本海军打败？这个2000多年来一直以中国为师的小小岛国，在经历了师法西方的“明治维新”后，为什么变得如此嚣张？而西方，究竟为什么强大？

王理嘉（北京大学中文系教授）：“有些知识分子觉得洋人之所以洋枪大炮、国富民强，是因为他们的文字简便，认识了几十个字母就能读书写字，民智早开。反过来看我们的文字，‘天下之至难者’，难写、难认、难记。要实现普及教育、救国图强就要革汉字的命，要改革汉字。”

▲ 汉字改革的先驱卢戆章

然而，汉字与中国文化休戚相关，几千年的积淀使它一脉相传，改革究竟从何而起？

在波涛中最先乘风破浪的，是一个叫卢戆章的人。他懂英文，到过南洋。他想要中国富强，要普及教育，必须改革汉字。改成什么样子呢？就是要像西方的拼音文字那样。

1892 年，卢戆章编写的《一目了然初阶》出版，这是第一套由中国人创制的汉语拼音方案。由此，汉字改革的大幕以拼音普及运动的形式正式拉开，并因卢戆章的“切音新字”而命名为“切音字运动”。在《一目了然初阶》的扉页上，我们看到了这样一副对联：“一目了然，男可晓，女可晓，智否贤愚均可晓；十年辛苦，朝于斯，夕于斯，阴晴寒暑悉于斯。”

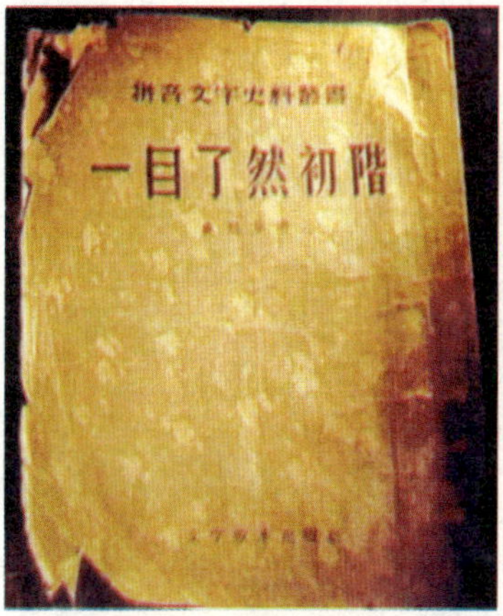

▲《一目了然初阶》是第一套由中国人创制的汉语拼音方案

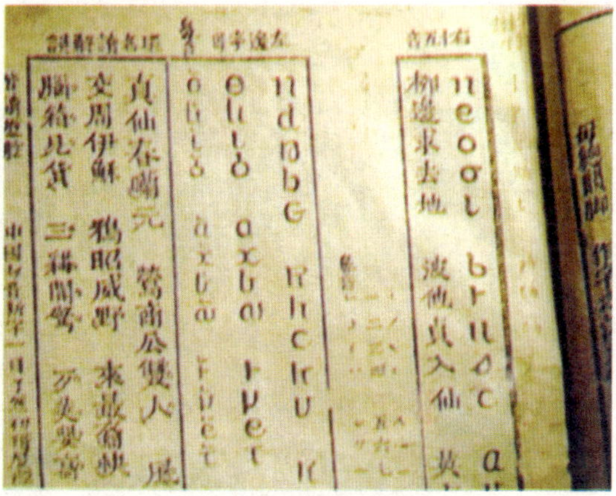

▲ 拼音方法

1900年，另一位切音字运动的倡导者出现在山东沿海的港口。来者是被朝廷通缉的严拿罪犯，他叫王照。王照曾经是戊戌变法中的风云人物，变法失败后逃往日本。没有人能想到，他此次冒着生命危险秘密从日本回国，是为了推广一套叫作《官话合声字母》的拼音方案。

王理嘉：“它是第一套汉字笔画式的拼音方案，是受日文片假名的影响，用汉字的偏旁来做成一个表音字母。比如说，他取汉字里‘扑倒’的‘扑’，用一个提手旁的偏旁就来代表我们现在的声母‘p’。”

1903年，王照秘密进京，在裱褙胡同创立了“官话字母义塾”。由于身份特殊，他让学生在前面讲授，自己则躲在屏风后面指点。官话字母的影响力正渐渐扩大时，王照却做出了出人意料的决定：去自首。这样在出狱之后，反而可以公开推广《官话合声字母》。这是冒着生命危险的。

经过一番磨砺，王照终于出狱，此时的他更为坚忍执着，全力推行他的拼音方案。

几乎与此同时，卢戆章又编写了一套新的拼音方案《中国切音新字》。1905年，他专程将此书送到北京，满腔热忱地希望得到清政府的支持。然而，方案呈交了3次，全部被驳回。

据统计，1892—1911年的切音字运动，共提出切音字个人方案28种，掀

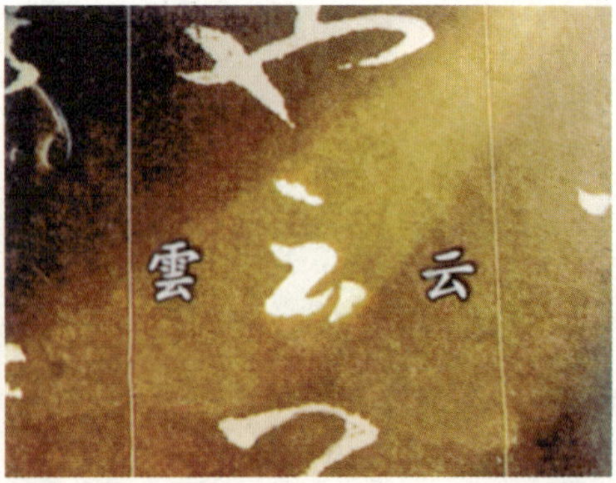

▲ 书法、碑刻中常出现简化字

起了中国汉字改革的第一个高潮。

就在切音字运动的实践者们在外来文化的启发下以拼音的方式为汉字改革寻找出路的时候，汉字简化，这条从汉字自身的演变规律中延伸而来的变革之路开始登上历史舞台。

陆费逵，中华书局的创始人，一位有着革新思想和实业精神的教育家、出版家。

1909 年，他在主编的《教育杂志》上，率先发表了名为《普通教育应当采用俗体字》的文章，这是中国历史上第一次公开提倡把简体字作为正体字使用，奏响了中国简体字运动的前奏。

其实，汉字的简化由来已久。早在 3000 多年前，神秘的甲骨上就曾出现同一个汉字的简体和繁体。

▲ 敦煌汉简上的简化字

在 2000 多年前的敦煌汉简上面我们也发现了许多形体与今天相同或相似的简化字。在绵延流长的名家书法中，在不同年代的字书、碑刻中，简化字的身影随处可见。这些在民间不胫而走的简体字通常称为俗体，与官方正体并行存在。

从远古的刻符到甲骨文、金文，从篆书到隶书，再到楷、行、草，简化一直是汉字演变的总趋势。

▲ 太平天国印发的布告

事实上，在晚清，简体字也曾以正体的身份出现。只是，与它的出现相关联的是一段惊心动魄的悲壮历史。

1851 年 1 月，洪秀全在广西金田率众起义，建号“太平天国”，一场风起云涌的农民战争由此拉开序幕。

▲ 太平天国钱币

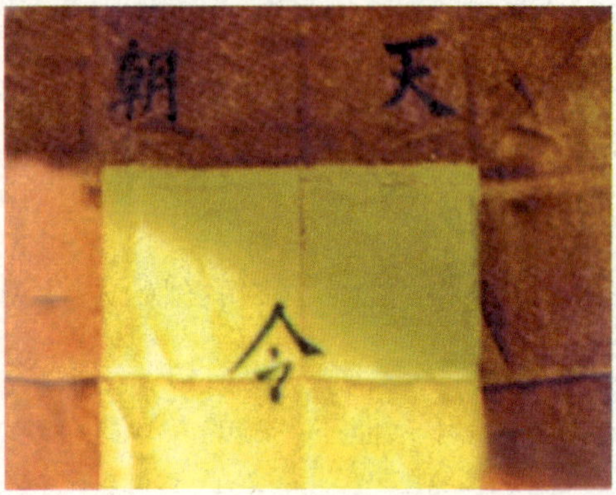

▲ 太平天国令

一张已经十分模糊的印刷品，是1852年9月太平军进攻长沙时东王杨秀清和西王萧朝贵发布的告谕。告谕的内容已很难辨认，但用简体书写的“太平天国”却异常醒目。有趣的是，其中的“国”字比今天还要少一“点”。

在太平天国，简体已成为官方标准用字。政府的钱币、印玺，征战的令旗，印发的布告、书籍等，都采用了唐宋以来在民间流行的以及部分自创的俗体字。

太平天国虽然最终失败，但他们在汉字简化上的实践方面却给后世留下了很多启发。

1919年5月4日，强烈的爱国使命激起了青年志士对传统的猛烈攻击，由陈独秀、胡适、鲁迅等人发起的新文化运动再度高涨，一系列激进的主张纷至沓来，汉字改革首当其冲。

苏培成（北京大学中文系教授）：“五四时期激进派从挽救中国这个角度出发提出了‘汉字不灭，中国必亡’。他们认为汉字的根本改革就是改用拉丁字母的拼音文字。他们对汉字的看法受到了当时的局限。”

此时，“一件惊人的革新事业”也获得了前所未有的发展。

1922年，钱玄同在国语统一会明确地提出了一个减省现行汉字笔画的提案。提案分析了简体字的构成方法，要求承认简体字的合法地位。国语统一筹备会通过了这项提案，并由钱玄同、胡适等15位委员组成汉字省体委员会，一系列提倡简体字的文章和书籍陆续刊登出版，简体字运动有了突破性进展。

1935 年春，一篇名为《推行手头字缘起》的文章突然在诸多报刊上同时出现，文章选定第一批手头字 300 个，由蔡元培、邵力子、陶行知、郭沫若、巴金等 200 名文化界人士和 15 家杂志社联名发表。

随着简体字运动的日益发展，1935 年 8 月，国民政府教育部采用钱玄同主编的《简体字谱》草稿的一部分，公布了《第一批简体字表》，共计 324 字。同年 10 月，国民政府以中央政府主席、行政院长、教育部长的名义通令全国，要求在全国推行。

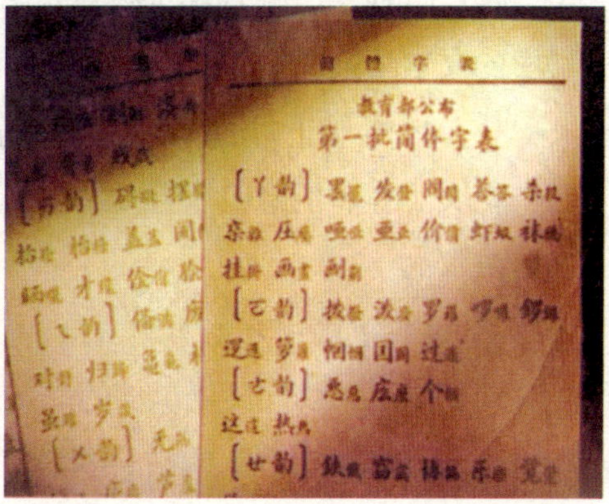
教育部公布
第一批简体字表

▲ 国民政府公布的《第一批简体字表》

1936 年 2 月，教育部奉行政院命令，训令“简体字应暂缓推行”。但是，扎根于群众的简体字不推而行，在共产党领导的地区，简体字获得了蓬勃发展。

自清末以来，汉字改革的道路漫长而艰辛，普及教育的目标始终不曾获得真正的成功，汉字改革的方向究竟在哪里呢?

七、方正流长

1949 年 10 月 1 日，中华人民共和国成立。10 天后，在毛泽东、刘少奇等党和国家领导人的直接指示下，第一个全国性文字改革组织——中国文字改革协会宣告成立。此后，一系列文字改革机构相继诞生。

它们的诞生，拉开了新中国文字改革工作的序幕，也展示了一个新生国家改革古老汉字的决心和力量。

苏培成：“新中国刚建立，当时文盲众多，我们又要进行大规模的建设，必须发展教育，扫除文盲。文字改革跟这个历史背景是密切相关的。毛泽东主席在1951年就明确讲过，文字必须改革。”

1955年10月，一个在文字改革上举足轻重的会议召开了，这就是“全国文字改革会议”。在会议开幕式上，陈毅副总理说了这样一段话：“在有几万万文盲的国家里，不可能建成社会主义社会，不可能有强大的工业建设。”

新中国从现实情况出发，提出了当时文字改革的三项任务：简化汉字、推广普通话、制订和推行汉语拼音方案。这样就形成了20世纪50年代整个的文字政策。

1956年1月28日，经过语言文字界顶级专家的整理，在吸纳了约20万语文工作者的意见和建议后，国务院通过了《关于公布〈汉字简化方案〉的决议》。

《汉字简化方案》的公布，是对千百年来流行在民间的简体字的规范，是对清末以来汉字简化运动的总结，也是新中国文字改革工作的第一项成果。

当今，在全新的信息网络时代，通过基础的识字教育，以普通话的读音为标准，利用拼音输入汉字，孩子们可以轻松地遨游网络、搜索和传递信息。半个世纪前的文字改革带给今天的便利，已远远超出当时的想象。

但是，在20世纪六七十年代，当信息化的浪潮刚刚袭来的时候，古老的汉字面临的是一次前所未有的挑战：如果汉字不能够像拼音文字那样进入电子计算机，中国将被排斥在信息化时代之外。

此时，研究汉字的信息处理问题已刻不容缓。几千年来，汉字的命运从来没有如此紧迫地与一项技术联系在一起。1974年8月，周恩来总理亲自听取汇报，研制汉字信息处理系统的工程很快由国家计委批准立项，定名为“七四八工程”，列入国家科学技术发展计划。

1975年，一个长期在家病休的人偶然听说了这项工程，他抑制不住内心的激动，竟拖着孱弱的身体自发地研究起来。这个人叫王选，当时还只是北京大学无线电系的一名普通助教，但在不久的将来，他改变了一个时代。

王选：1937年2月5日—2006年2月13日，汉字激光照排系统的创始人。这一发明为我国新闻、出版全过程的计算机化奠定了基础，被誉为“汉字印刷术的第二次发明”。

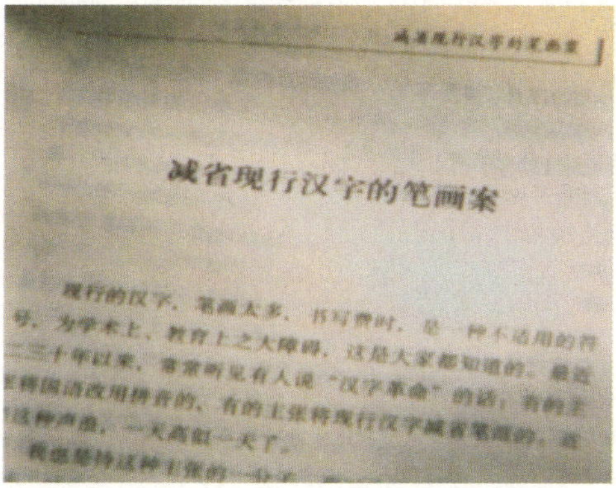
减省现行汉字的笔画案

减省现行汉字的笔画案

现行的汉字，笔画太多，书写费时，是一种不适用的符
号，为学术上，教育上之大障碍，这是大家都知道的。最近
二三十年以来，常常听见有人说“汉字革命”的话；有的主
张将国语改用拼音的，有的主张将现行汉字减省笔画的，这
这种声浪，一天高似一天了。

▲ 钱玄同的提案明确提出减省现行汉字的笔画

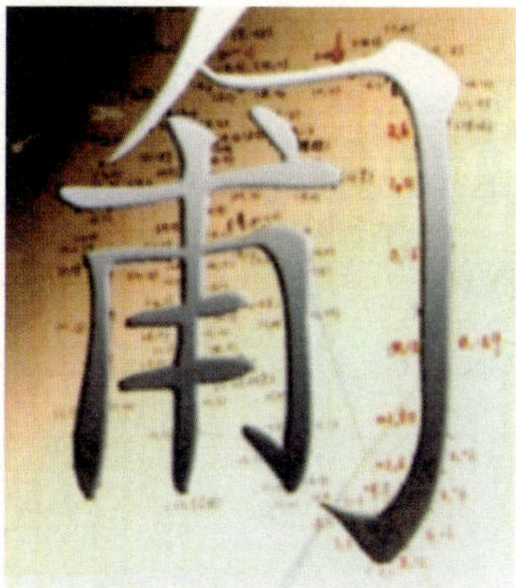

▲ 王选采用轮廓加参数的数学方法压缩汉字信息

20世纪70年代的西方，基于计算机的“电子照排技术”已经大规模使用，而中国仍然处在“铅与火”的活字印刷时代。

学数学出身的王选开始沉浸在汉字的一笔一画中。令人意想不到的是，正是数学与汉字的结合，打开了汉字进入计算机的大门。他利用轮廓加参数的数学方法将庞大的汉字信息压缩到五百分之一，扫清了项目研制的最大障碍。他跳过日本和欧美流行的二三代照排机，直接研制了国外尚无商品的第四代激光照排系统。

从第一代照排机走到第四代，西方国家用了40年，而王选仅仅用10余年就使中国从落后的铅字排版跨入了先进的激光照排。中国终于迎来了用计算机处理汉字并大规模应用于印刷的时代。

随着信息时代的推进，更多的人开始关注计算机和汉字信息处理。为了方便使用键盘输入汉字，一股编码的热潮骤然兴起。

计算机、汉字编码、信息化，这些词汇是一个即将全面来临的时代对人们发出的清晰信号。

在新时期，规范化和标准化成为语言文字工作的重要任务。

为了适应信息化的需要，同时纠正社会用字混乱的现象，1986年，经国务院批准，国家语言文字工作委员会在对个别简化字适当调整后，将1964年公布的《简化字总表》重新发布。

如今，古老的汉字已经融入时代的脉搏。语言文字的规范化和标准化也被提升到了一个从未有过的高度。2000 年 10 月 31 日，《中华人民共和国国家通用语言文字法》公布，这是我国历史上第一部关于语言文字的法律，它明确要求，在公务活动、教育教学、新闻出版、公共服务行业应当使用规范汉字。它的颁布，确立了普通话和规范汉字作为国家通用语言文字的法律地位。

百余年来，为了民族昌盛和国家富强，一代代爱国知识分子在汉字改革的道路上执着探索，而古老的汉字置身于传统与现代的漩涡，守望着命运的沉浮起落，它所承载的，不仅是一个民族的荣辱兴衰，更是一个日渐强大的国家永远不可忘记的历史。

千百年来，世界上不知道有多少文字伴随着他们民族的迁徙而传播，有的依然闪烁着光芒，有的早已消失……

5000 多年前，埃及人在石碑上刻下他们的故事；古巴比伦的苏美尔人用形如楔的文字记下岁月，这一切都消逝在时间中，只留下今天关于远古文明的谜。

有人说，中华民族是一个圆，周长可大可小，圆心无处不在，而半径就是汉字，汉字就是中华民族的向心力。历史不断发展，朝代不断更迭，可是不管怎么变化，中华民族大一统的国家观念始终没有改变，直到现在，仍一直深深印在每一个中国人心中。

汉字是中华文化的根，也是活化石，它是目前世界唯一传承历史在 3000 年以上的古文字，它在发展过程中成为中华文化的代表。

中国人认为世界万物都是有灵性的，天地、树木、河流……他们把对自然的认识融入汉字当中，同时将自己的感情嵌入这些笔画之间。

从远古演化而来的古老汉字，被人们赋予了超自然的能力，用来避祸求福。一副对联、一个字谜都是中国人智慧的结晶；一个福字、一个双喜都寄托了人们对美好的渴望。

浩如烟海的历史古籍，气象万千的诗词歌赋，我们的民族历经磨难却始终铭记着千百年来信守过的灵魂与信仰。中国汉字古老精深、历久弥新，它与中华文明一脉相承，血脉相连，是中华民族的文化瑰宝。

汉字是一个超越时空、生生不息的文化精灵，它将占地球人口五分之一的人，用同一种符号连接在了一起，以其独特的方块骨骼支撑起中华文明，并影响着全世界。

2003年8月3日晚，北京天坛成了全球瞩目的焦点。

千呼万唤中，2008年北京第29届奥运会会徽终于揭开了神秘的面纱。“中国印·舞动的北京”惊艳登场，刹那间征服了全世界的目光。

敦煌书法

敦煌：中国的国家历史文化名城，位于古代中国通往西域、中亚和欧洲的交通要道——丝绸之路上，曾经拥有繁荣的商贸活动。以“敦煌石窟”“敦煌壁画”闻名于天下，是世界遗产莫高窟和汉长城边陲玉门关、阳关的所在地。

一、流沙坠简

北京奥运会会徽图案高度融合了中国书法篆刻艺术和现代体育运动特征，古朴稚拙而又动感十足，极富现代气息。特别是英文“BEIJING”和阿拉伯数字“2008”出人意料地用敦煌汉简书法的形式写成，堪称神来之笔。这是英文字母和阿拉伯数字第一次变成中国风格的书法字，而敦煌汉简书法古朴、率真、洒脱的特点，不仅与人类的伟大梦想——奥林匹克运动合拍，而且和中国印一脉相承，浑然一体。

▲ 用敦煌汉简书法形式写成的2008年北京奥运会会徽

北京2008年第29届奥运会会徽设计者、北京始创国际企划有限公司总裁郭春宁认为，

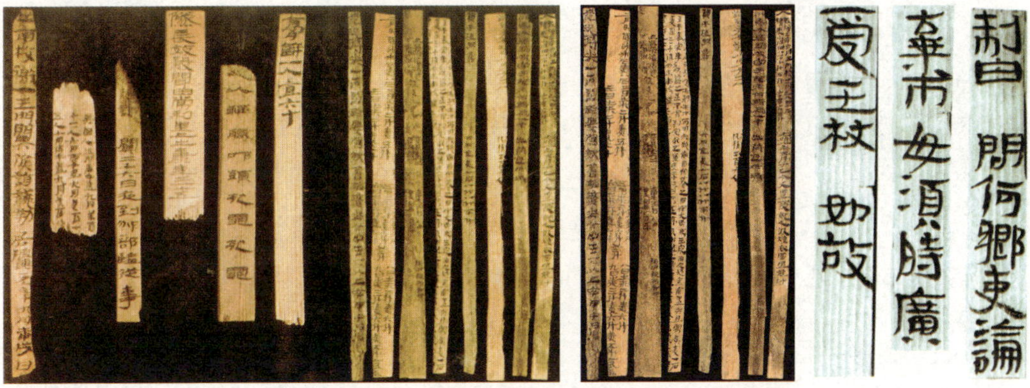

▲ 敦煌马圈湾简牍

汉简是我国非常有艺术性、非常市民化的书写形式，尽管当时不被很多人认知，但它是存在的。可以说敦煌是中国文化艺术的宝库。

1907 年，英国探险家斯坦因在敦煌玉门关附近发掘出写有汉字的木简。在流沙中掩埋了 2000 多年的敦煌汉简重见天日，立刻受到国际汉学界的高度关注。

斯坦因无意中打开了一座罕见的汉朝书法宝库，里面珍藏着中华先民最早的书法墨迹。

首批 789 枚敦煌汉简被斯坦因运回英国后，法国汉学家沙畹博士很快将这批新出土的汉简编辑出版。

中国书法院教授、书法家肖文飞说，毕竟他不是中国人，对这批资料的解读在很多地方不正确，包括地名、历史上的职务、官名，很多东西都写得含糊不清。学者罗振玉得知这批资料在沙畹博士手上时，写信给他，想要这图板资料做研究，沙畹博士便把这批资料寄给了他。

罗振玉如获至宝，他与国学大师王国维分头整理考释。1914 年，两人合著的三卷本《流沙坠简》在日本京都出版社出版。

《流沙坠简》对所收录的敦煌汉简和残纸、帛书做了精确的分类和详尽的考释，被视为首次全面解读汉简的开山崇祯作。连一贯反对“整理国故”的鲁迅先生看了王国维《流沙坠简》序言后都赞叹不已，认为这才是真正的

简牍： 简牍是对我国古代遗存下来的写有文字的竹简与木牍的统称。用竹片写的书称“简策”，用木版（也作“板”）写的叫“版牍”。在纸发明以前，简牍是中国书籍的最主要形式，对后世书籍制度产生了深远的影响。直到今日，有关图书的名词术语、书写格式等都承袭了简牍时期形成的传统。例如：“篇”“册”“杀青”等。

王羲之： 字逸少，号澹斋，东晋书法家，有“书圣”之称。历任秘书郎、宁远将军、江州刺史。后为会稽内史，领右将军，人称“王右军”“王会稽”。其子王献之书法亦佳，世人合称为“二王”。其代表作品有《黄庭经》《乐毅论》、草书《十七帖》。

国学。

汉简的出土在中国书法界引发的震动更为强烈。《中国书法全集》主编、著名书法家刘正成先生甚至用“原子弹爆炸”来形容这种震动。他说：“简牍就像原子弹爆炸一样，在几十年间，影响了书法艺术，打开了书法界的新天地。”

当时中国书法界正在寻求行草书的大变革，但苦于找不到传统的借鉴。行草书的源头在汉朝，而当时人们看到的汉朝书法都是碑刻，没有手写的真迹。敦煌汉简的发现，让沈曾植等大书法家兴奋不已。

敦煌汉简出现之前，许多名家曾怀疑过王羲之传世书法《兰亭序》的真假。因为汉魏六朝时期留下来的碑刻书法与王羲之的书风差距太大。而在敦煌汉简墨迹中，王羲之书风已初露端倪。

斯坦因之后，敦煌地区汉简的发掘进入了高峰期，数以万计的汉简大量出土，令人目不暇接。

1930 年，瑞典人贝格曼在居延地区发掘出大批汉简，总数达 11000 多枚，史称“居延汉简”；

1957—1959 年，甘肃武威磨嘴子汉墓相继出土汉简隶书精品《王杖十简》和《仪礼简》；

1973—1974 年，甘肃省考古工作者在居延甲渠侯官、金塔县肩水金关等遗址出土汉简 2 万余枚，称“居延新简”；

1979 年，敦煌玉门关西马圈湾又发现了斯坦因当年遗漏的烽燧，出土汉简 1217 枚；

1987 年，敦煌市博物馆发现了汉朝敦煌郡效谷县悬泉置遗址，发掘汉朝简牍 27000 多枚。

到目前为止，在甘肃省发掘的秦汉简牍数量已达65000多枚，占全国出土简牍总量的六分之五。敦煌和居延简牍、殷墟甲骨文、敦煌藏经洞文书、故宫明清档案，被学术界称为20世纪中国四大考古发现。

北京大学书法研究所所长、书法家王岳川说，中国文化是从西部开始的。东部当时叫东夷、北部叫北狄、西部叫西戎、南部叫南蛮。真正中华的中央之地应该是从甘肃、山西、陕西开始，最后发展到河南。但今天人们一说中原大地往往忘了文明的古老发源地甘肃。

掩埋在漫漫沙海中的木简，历经2000年而不朽，得益于当地特殊的地理气候环境。敦煌地区平均年降雨量只有39毫米，而蒸发量却接近3000毫米。干旱少雨的敦煌大地，无意中成全了数以万计的汉朝书法原作。

西汉时期，为了打通西域，清除边患，汉武帝先后3次对匈奴发动大规模战争，取得重大胜利。元狩二年（公元前121）置武威和酒泉两郡，元鼎六年（公元前111）又分置张掖和敦煌两郡，并设立了中国最早的海关——阳关、玉门关。史称“列四郡，据两关”。

《中国书法全集》主编、书法家刘正成说，秦始皇时代36郡。敦煌、河西就有4个郡，敦煌在中国历史上，是欧亚大陆桥最关键的一个站，非常重要。由于地方比较偏远，宫廷政治斗争中的失败者，往往被遣发到敦煌戍边。所以那里有相当多有才能的人，有很高的文化底蕴，甚至包含了中亚、西亚文化。

汉朝在屯兵戍边过程中，沿汉长城线建立了大大小小的关塞亭障和烽燧，形成一条绵延万里的候望系统。《汉书·赵充国传》描述：“自敦煌至辽东万一千五百余里，乘塞列隧，有吏卒数千人”。汉简就是这一历史时期的遗物，它们绝大多数出自烽燧亭障。

现知纪年最早的汉简是汉武帝天汉三年（公元前98），最近的纪年简为前凉时期建兴十八年（330），前后延续了400余年。简牍主要内容有诏书律令、司法文书、例行公文及吏卒名籍、出入关登记等各式簿籍，还有买卖契约、往来书信等，是汉朝边塞政治、军事和日常生活的真实记录。

刘正成说，我们现在看到的汉朝刻石是当时的铭石体、铭石书，就是刻在石头上的书，是当时的印刷体规范字，而汉简是人们日常书写的字体。这两种体在汉朝并行不悖。

河西地区长城沿线的汉简大部分就地取材，以胡杨木、红柳、门柳木居多。多枚汉简用麻绳串起来叫册，还有一种削成三棱、四棱或八棱的叫觚。觚是练习写字用的。

敦煌汉简的发掘似乎永远没有穷尽。最近的一次重要发掘在2009年3月，敦煌市博物馆在马圈湾以南的湾窑墩烽燧，发掘出一枚迄今为止尺寸最大、保存最完整的汉朝封简。

这支封简上的书法墨迹如新，字体接近楷书。

北宋大书法家米芾有幸看到过当时发现的汉朝简牍，他大为震惊，认为“河西简牍乃书法之祖。”但限于当时的保存条件，简牍没有被更多人看到。后人只能通过摩崖石刻和拓本、法帖学习古代经典。

敦煌汉简的大量出土，加之现代文物保护技术的进步、照相印刷技术的发明，书法家们零距离面对古代墨迹的千年梦想终成现实。长期困扰中国书法的众多谜团终于真相大白。

两汉时期人们是如何学习书法的？为什么数万汉简的书法都达到了令后世仰之弥高的艺术水准？这些不留名的书法家为什么能够完成中国书法史上最伟大的变革？

玉门花海汉朝烽燧遗址出土的简牍，内容是汉朝识字、练习的教科书《仓颉篇》的第一章，是当时在烽燧戍守的书佐临摹练写的。

从这些材料中可以看出，汉朝对书法教育的高度重视。而众多书法家群体的出现，则得益于汉朝以书取仕的文官制度。

西汉政权建市后，丞相萧何制定汉律九章，其中《尉律》规定：“学僮十七以始试，讽籀书几千字，乃得为史。……书或不正，辄举劾之。”就是说，字写得不好，甚至会丢官帽。

酒泉市书法家协会副主席王小宁说，汉朝一个很小的文职官职，诸曹掾史这么一个官职，要识得9000个汉字，还要懂它的音、义、形，对汉字的要求很高。书法要非常优秀、文字功底要非常深才有可能成为官吏。现在好多人把没有署名的石刻、汉简笼统称为民间书法，认为是不太识字的人写的，是非常错误的观点，至少对于汉朝书法是说不通的。

这些汉简行笔婉转自如、流畅奔放，起笔干净利落、收笔果断遒劲，布白大起大落、疏密对比强烈。显然，书写者具备了高超的书写技巧和把握节奏、韵律的能力。

汉简的时代，包括秦朝到东汉末期，大约400年的时间，正好是中国古文字向今文字转变的时期，也是中国书法史上发生重大变化时期，学术上叫“隶变”，就是汉字字体由篆书逐渐演变到隶书。敦煌汉简的出土，把隶书的成熟期由过去人们公认的东汉晚期提前到了西汉中期，从中看出古隶向汉隶转化的剧变和成熟过程。

在中国文字剧烈变化的汉朝，汉简书法承上启下，完成了对中国古文字的改造，开启了后世的草、行、楷书。

东汉学者赵壹在《非草书》中说，秦末至汉初，西北前线“战攻并作，军书交驰，羽檄纷飞，故为草隶，趋急速耳”。军情紧急，容不得戍边将士们用古隶书一笔一画地写，他们采取“减、省、连”的方法，加快了写字速度。于是，前线往来的公文、书信中出现了书写较为潦草的隶书，这就是“隶草”。

隶草逐渐成熟，发展成“章草”，一步步接近了草书。

长期以来，人们大都以为先有正规的楷书，后有行书，最后才发展到草书。书法的练习也严格遵从这个顺序。然而敦煌马圈湾出土的汉简表明，早在西汉中期就有了成熟的章草。它揭示出先从隶书到草书，然后才有行书、楷书的书体演变过程，与现行的书法观念大相径庭。

章草的成熟，标志着汉字从书写工具开始变成能够高度自由地抒发情感、表现书法家自我的艺术。

书法界认为，汉魏以后，中国书法的五体——篆书、隶书、楷书、行书、草书的创造已全部完成，而且2000年来没有突破。

艺术的真谛在于创造。具有5000年左右辉煌历史的中国书法，同样面临着创新发展的历史命题。

进入21世纪，书法如何发展，如何开辟新的天地，成为摆在书法家们面前的课题。

二、草圣故里

他是中国书法史上第一位巨人，连王羲之都让他三分。

他不慕功名，醉心书法，留下了“临池学书、池水尽墨”的千古佳话。他就是中国的草圣：敦煌的张芝。

汉唐敦煌古城东北角，曾生活过一位古代圣人——草圣张芝。

苏东坡在一则书论中写道：“笔成冢，墨成池，不及羲之即献之；笔秃千管，墨磨万锭，不作张芝作索靖”。这段文中点了4个书法家：东晋王羲之、王献之父子；东汉张芝和西晋索靖。后两位都是敦煌书法家，而且是姑舅姻亲。

关于张芝的籍贯，历来说法不一。《后汉书·张奂传》中说是“敦煌酒泉人也”。经清朝学者钱大昕考证，应为“敦煌渊泉人也”。汉朝敦煌郡辖六县，渊泉县在今瓜州县境内。

然而，据敦煌藏经洞文书《沙州都督府图经》记载：“张芝墨池在县东北一里效谷府东五十步”，似乎他又是敦煌郡效谷县人。

他究竟是渊泉人还是效谷人呢？

2009年7月，敦煌研究院研究员李正宇先生来到瓜州县布隆吉乡一带，寻找张芝的老家。

现在是一片荒滩的旱湖，在1987年第二次全国文物普查时，发现了古城遗址和大量汉朝墓葬。专家认定这就是东汉时期的敦煌郡渊泉县遗址。

甘肃省瓜州县博物馆馆长李宏伟说，有关专家研究表明，周长达到

1300~1600 米的古城，就是县一级古城，周边 4 个古城具备这一长度的只有这一个遗址。

张芝，字伯英，出身名门。他父亲张奂曾是威震海内的东汉大将军。而张芝从小就无心政治，一门心思钻研书法。朝廷三番五次下诏求贤，让他出来做官，他都不为所动，甘作布衣书生。

▲ 张芝雕像

张芝随父母来到敦煌郡府所在地，家住效谷县城东，人称北府张。张家门前有一大水池，张芝的父亲请人打制了石桌、石凳供张芝、张昶兄弟习文练字。每天做完功课，张芝就在池边洗砚台和毛笔，日复一日，年复一年，把整个池塘的水都染黑了。“临池学书，池水尽墨”一时传为佳话。后人把书法称为“临池”，就是从这个典故而来。

当时的书写工具限制了书法家的创作，由于造纸术刚发明不久，还没有得到广泛运用。况且纸质粗糙，价格昂贵，书家大多还在木简或竹简上书写。方寸之间，很难施展手脚。

日日临池的张芝已把章草练得烂熟。但他并不满意。有一天，他突发奇想，把家人做衣服的衣料拿来书写。东晋卫恒这样记载：“凡家之衣帛，必先书而练之。”

衣帛的吸墨性比简牍好得多，更主要是尺幅大，可以自由、连续不断地书写，这个新发现让张芝欣喜若狂。

那一时期，左伯改造了纸张；韦诞研制了墨锭；张芝改良了毛笔，被称为“书法三宝”。

今天看来，笔、墨、纸、砚的改良，是张芝创立今草的前奏曲。

张芝从纸和笔的束缚中解放出来，进入广阔的创作天地，他从民间章草

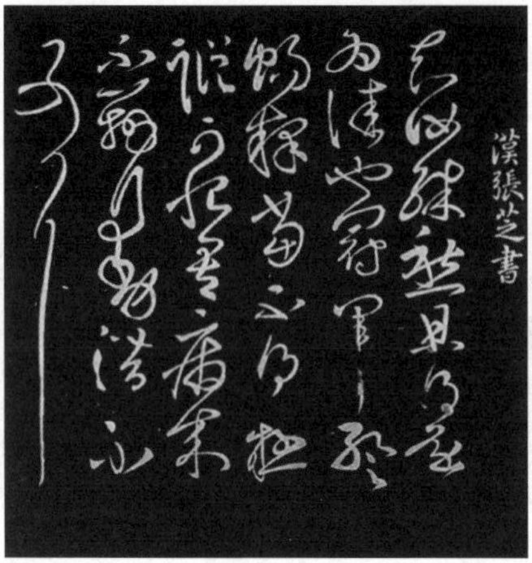

▲ 张芝草书帖

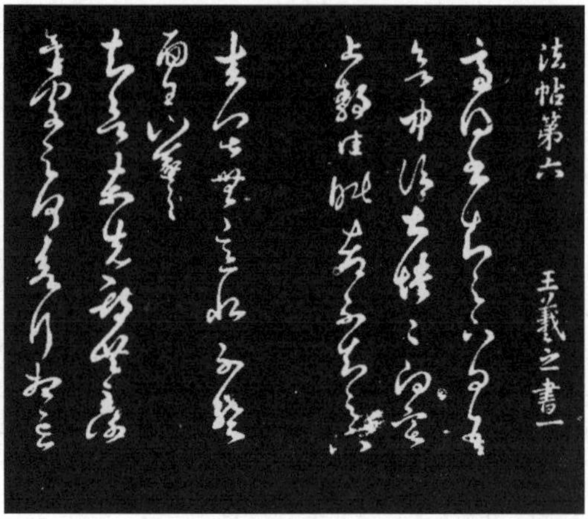

▲ 王羲之草书帖

大家那里汲取草书艺术精华，删繁就简，终于创造出一笔到底、连绵不断的一笔书——“今草”。

王岳川说，把章草变成“今草”，张芝有重大的贡献。人们一般把这个功劳记到王献之头上，其实源头在张芝。在张芝之前，篆书和隶书都是字字独立、笔笔不连，张芝一笔书使汉字的笔画有了连续性，从而产生了音乐般的节奏、韵律。从此，书法真正成为一门自觉的艺术。而张芝被奉为一代“草圣”。

刘正成说，中国书法界两个圣人，一个书圣、一个草圣，敦煌张芝占半壁江山，而且比王羲之更早。

收藏在张芝老家——瓜州县博物馆的张芝传世名作《冠军帖》，翻刻于甘肃省博物馆藏肃府本《淳化阁帖》。

东汉时期，人们珍爱张芝墨宝到了“寸纸不遗”的地步，以至张芝传世作品极少。明朝《淳化阁帖》中仅收有张芝草书作品 4 件。在《冠军帖》中，张芝用笔如飞，气势如虹，显示了非凡的功力。

东汉辞赋家、文学家赵壹写书法评论《非草书》。文章里说，当时的文人学士们“慕张生之草书，过于希孔颜焉”，意思是说人们崇拜张芝胜过孔子和颜回。

复旦大学教授、书法家沃兴华介绍说，在这篇文章里面，赵壹描述了当时书法流行的情况：人们对书法痴迷到了什么事情都不干，整天习字，领子都是黑的，坐下来就以指画地，画到手指甲都磨掉了，骨头都露出来了。

苏州大学教授、书法家华人德说，赵壹的《非草书》是在批评草书，但也说明一个问题，当时的人对草书很痴迷。

张芝超越时代，独步天下，以至于不断有人提出疑问：汉朝的张芝，怎么能够写出盛唐以后才有的圆熟灵动的线条？

宋朝大书法家米芾认为张芝的《冠军帖》系唐人伪作。

沃兴华说，他传世的作品，面貌差别太大了，一件作品带有章草的味道，而一件作品则完全是唐人的狂草。

“草圣”擅长的究竟是章草还是今草？这幅千古杰作到底是不是张芝的墨宝呢？

唐朝张怀瓘的《书断》说：“世称一笔书者，起自张伯英，即此也。”“伯英即草书之祖也”。

1000多年来，两种意见始终难分难解，相持不下。

刘正成说，这就是张芝的作品传世。就因为他的草书已经突破了章草的局限性，进入大草、狂草，所以才影响了王献之。王羲之的楷书来源于钟繇，王献之的今草、狂草来源于张芝。要否定张芝，就把王献之也否定了。

其实，中国书法史早就清楚地写明了，从汉末到中唐的六七百年时间里，不论是韦诞、卫瑾、索靖、卫恒等早期的草书大家，还是王羲之、王献之、张旭、怀素这4位闻名遐迩的草书大师，他们的师承都源于中国书法史上第一位巨人——草圣张芝。

华人德说，王羲之幼年是跟着卫夫人学字的，卫夫人的上代卫瓘写草书就是学的张芝。

究竟是什么把两位相差两个世纪、远隔数千里的书法圣人联系在一起的呢？

唐朝草书大家孙过庭的书法名著《书谱》，直接从草圣张芝和书圣王羲之切入："夫自古之善书者，汉魏有钟张之绝，晋末称二王之妙。王羲之云：顷寻诸名书，钟张信为绝伦，其余不足观。"王羲之认为，钟繇、张芝的书法是超常人的，领先时代，他只把钟繇、张芝两个人放在眼里。

傲视群雄的书圣王羲之，对张芝却谦让三分。

对此，敦煌遗书《沙州都督府图经》也有相同的记载：王羲之《书论》云："临池学书，池水尽墨，好之绝伦，吾弗如也。"显然，王羲之曾亲眼看到过张芝的墨迹。或许，在王羲之看来，200多年前那位敦煌书法家张芝才是能够与他对话的知音。

1000多年来，一代又一代草书大家从张芝身上汲取精神营养，向草书艺术的最高峰发起冲刺，谱写了中国草书气势磅礴的宏伟交响，留下了无数光耀千秋的传世名作。

"忽然绝叫三五声，满壁纵横千万字"的狂草大师怀素，自谓他的草书得益于"二张"，也就是张芝、张旭。

孙过庭多次提到他一生都将张芝的草书作为蓝本，称"张芝草圣，此乃专精一体，以致绝伦"。

明朝草书大家王铎自道运用"张芝柳露草法，拓而为大"，开创了令人叹为观止的大幅草书。

沃兴华说，西晋时，敦煌地区最有名的书法家索靖，也是当时全国领先的，晋武帝非常喜爱他的书法。

索靖是张芝的外孙，敦煌郡龙勒县人。曾做过尚书郎、雁门太守、酒泉太守、左卫将军。

索靖擅长章草，他继承了张芝的衣钵，又创造了自己的风格，当时有人这样评论：精熟至极，索靖不及张芝；而妙有余姿，则张芝不及索靖。

可见，索靖的书法成就足以和张芝媲美，人称"亚圣"。

位于敦煌阳关脚下的龙勒古城是索靖的故乡，西汉时叫龙勒县。北魏时期在这个地方建了一个郡，叫寿昌郡。

索靖选择了与舅爷完全不同的生活方式。他从小在龙勒城读书，后考入京城上太学。毕业回乡，不久便被举荐到朝廷做官。他不仅饱读诗书，书法绝世，而且带兵打仗也屡建奇功，直到战死沙场，一生轰轰烈烈，可歌可泣。

2003 年，一件相传为索靖所书的章草书法作品《出师颂》在中国嘉德拍卖会上亮相，引起轩然大波。

这曾是故宫最负盛名的一件书法藏品，被认为是西晋大书法家索靖唯一存世的真迹。唐朝时被太平公主收藏；宋朝绍兴年间收入宫廷；明朝由大收藏家王世懋收藏；清朝乾隆皇帝把它收入《三希堂法帖》。1922 年，此卷被溥仪携出宫外，抗战胜利后失散民间，2003 年失而复得。最后，故宫博物院以 2200 万元天价从嘉德拍卖行回购了《出师颂》。

索靖的遗迹已无处可寻。但张芝墨池的旧址还有据可查。

敦煌遗书里，有一首李翔的诗:《秋日过龙兴寺观墨池》，写作者在去龙兴寺的路上经过墨池，池边霜染的红叶、青青的竹叶让诗人想起了草圣张芝。

敦煌卷子《敦煌二十咏》中有一首《墨池咏》也是称颂张芝墨池的：昔人精篆素，尽妙许张芝。圣草雄千古，芳名冠一时。

据李正宇先生考证，《敦煌二十咏 · 墨池咏》的写作年代，当在 841—871 年。在此之前，敦煌有人已经开始对张芝墨池遗迹的寻访。《沙州都督府图经》记载：开元四年，敦煌县令赵智本寻访到了张芝墨池。在敦煌城的东北角效谷东挖出了墨池，挖出的砚大概 50 厘米大。

此后，张芝墨池得到精心修葺，县府还为张芝修了庙宇，立了塑像。

历经千余年的朝代更迭、战乱劫波后，张芝庙宇、塑像早已荡然无存。20 世纪 80 年代，有单位在敦煌党河西岸修楼挖地基时，曾挖出大量黑色淤泥。地基的位置正好在汉唐敦煌郡城东北角，也就是张芝故居“北府张”所在地。

李正宇说，这里很可能就是墨池的所在地。

这个发现还没有得到进一步证实，高楼大厦已拔地而起。张芝墨池的最后一点印记被永远埋在楼宇之下。

三、写经风流

拥有万卷宝藏的敦煌藏经洞，是一座巨大的古代历史文化档案馆，也是一座中国书法宝库。

敦煌写经，篆、隶、楷、行、草五体具备，精品不胜枚举。从中可以看到中国书法衍变的全过程。

1900年夏，莫高窟道士王圆箓闲极无聊，拿着点旱烟的芨芨棍在16窟甬道的墙壁上乱戳，没想到这一戳竟戳出一座震惊世界的藏经洞。他更没想到，此后他竟被国人戳了100多年的脊梁骨。

6万卷古代文书问世之日，正是八国联军火烧圆明园之时，摇摇欲坠的清朝，哪里顾得了西北边陲新出土的国宝？数万卷遗书被闻讯而来的英国人斯坦因、法国人伯希和、俄国人奥登堡、日本人吉瑞超用一点儿散碎银子从王道士手中骗走，剩下的又被各级贪官污吏趁火打劫，最后留在国内的敦煌遗书仅有万余件？

这批珍贵文物流散出去，立即轰动了全世界。

北京大学书法讲究所所长、教授王岳川说，17号洞仅19立方米，却藏经5万多卷！但外国人拿出去3万多卷，也就是60%流到了西方，这是中华民族的巨大损失。正是这些经卷出去后，西方人才第一次认识到古老、衰败的中国竟然有如此精深的历史、伟大的文献。甚至大英博物馆及欧洲很多博物馆都以收藏了多少卷敦煌写经为荣。

现在，这些卷子和残片散布于世界9个国家和地区的80多个博物馆、图书馆、文化机构和私人手中。

痛惜也罢，愤怒也罢，敦煌学毕竟由此起步，并在此后成为风靡世界的国际显学。

敦煌写本跨16国，隋、唐、五代、北宋等10多个朝代，穿越时空7个世纪，囊括学科数十种，内容涉及宗教、政治、经济、军事、交通、地理、历法、契约、户籍、文学、医学、数学、音乐、书法等领域，除汉文写本外，还有突厥文、吐蕃文、回鹘文、西夏文、粟特文、梵文、吐火罗文等多种古代民族文字，卷帙浩繁，举世罕见。

敦煌遗书绝大多数是手书写卷，它保留了延续时间最长、数量最多的中古时期书法墨迹。其书体之完整、笔法之多姿、风格之奇巧、功力之深厚，令人叹为观止。它是中国书法史上最完整、最鲜活的原始档案。

中国台湾南华大学教授、敦煌学家郑阿财说，敦煌写卷数量庞大，最重要的是它的时代跨越度很长，是整个中国的文字字体从隶书演变到楷书的发展历程。

根据近些年国内外公布的编号和目录估计，敦煌遗书中有400多种、32100多卷不同名目的佛经写本，约占遗书总目录号的85%。

3万多卷佛经的抄写，是一项十分浩大的工程。

在中国古代漫长的历史时期，上至达官贵人、下至僧俗百姓，都以最大的虔诚，抄写、捐献佛经表达自己对佛祖的皈依。

十几个朝代形形色色的书体文本源源不断地汇集到莫高窟寺院，并不可思议地保存到了今天。

敦煌的写卷是多层次的，从士大夫官方的文书到民间的文书，它实际反映了现实里使用文字的所有面貌，是其他传世文献里没有的。

敦煌是佛教传入中国的第一站，十六国时期，是全国佛经翻译中心。佛教的日益盛行，使佛经的手写本供不应求。

到寺院捐献抄经的善男信女并不是人人都会书写，即使会，也不见得有那么多时间和精力抄写，所以很多人买抄好的佛经。由此催生了中国书法史上最大的书法群体——经生，由此形成一个专门的书法流派——写经体，也称敦煌体。

因为学习写经的人练字时，是用前人写的经本做范本，一般佛经不用草书写，都用楷书工工整整写。

沃兴华说，当时人看经，不仅看经文还看书法。对书法品头论足，已成为当时的一种文化。

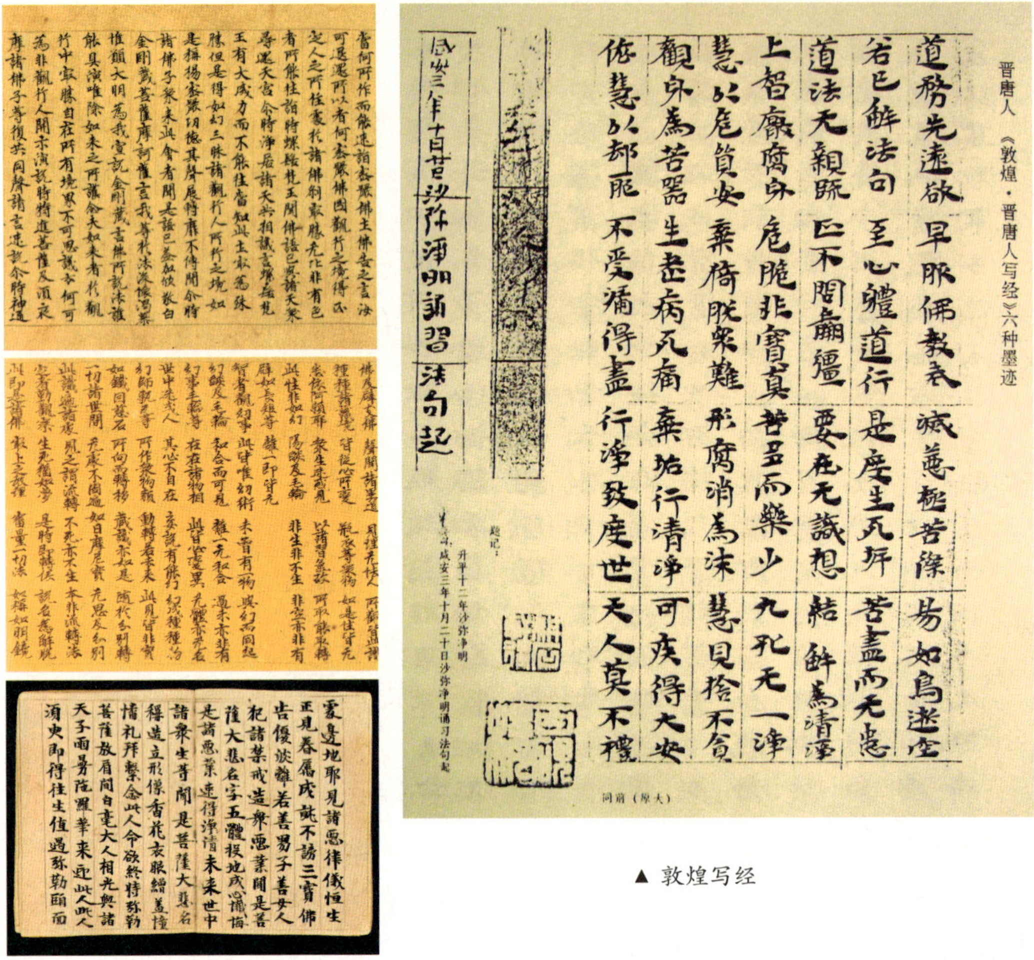

▲ 敦煌写经

唐朝官方寺院的写经，卷尾都罗列着详尽的抄写情况，如抄写年代、抄写人姓名、用了多少张纸，还有“后期制作审查班子”的职称和署名。《妙法莲华经》的末尾，有经生王思谦署名，并列有装潢手、初校经生、再校经行寺僧、三校经行寺僧的名字，还有 3 位高僧大德详阅，最后是判官、监制，共 11 项落款。可见唐朝的写经行业已经有了十分正规和严格的抄写范式。

刘正成说，当时的抄写制度是国家政府建立的，包括抄经，为什么叫典校官呢？是政府任命的官员去抄经的。是当时文化的高端产品，不是一般的书写。

中国敦煌吐鲁番学会理事窦侠父说，经生是有专业职称的，典经师和写经师相当于现在的高级职称。

唐朝敦煌城里有官办的经坊，经坊里的写手都是经过严格的书法基本功训练，并通过考试选拔出来的。大英图书馆藏5824号卷子《经坊供菜关系牒》，详细记录了经坊的人员编制和生活待遇：经坊设典校官5人，供应蔬菜17驮；写经者25人，供应蔬菜85驮。还有38个临时雇用者，他们生活所需的蔬菜都由政府命令地方部落提供，说明经坊是官办的抄经机构。

敦煌名门窦氏家族收藏的敦煌遗书《金刚般若波罗蜜经》，写于唐总章二年二月八日，署名“敦煌令狐石住”，这位令狐就是一位地地道道的敦煌经生。1940年，大书法家于右任曾为此卷题写了跋，对这部写经的书法艺术给予高度评价：“书法极开展，写经中上等手笔也。”

敦煌市博物馆收藏的《妙法莲华经》同样来自敦煌窦氏潜心斋，这是写经体的典范之作，书法笔笔精到，字字珠玑，气脉贯通，精妙绝伦，显然出自写经高手之笔。

宫廷写本，是写经中的最上品。唐朝皇帝大多信奉佛教，内阁六省之一的门下省有专门的书法班子，人称“群书手”。皇帝敕令群书手将重要的佛经经典“各写十部散流海内”，敦煌藏经洞的宫廷写经，正是朝廷赐给的副本。

华人德说，经有专门固定的写法，一般写经都是每一行17个字，它对字数的统计、校对有好处，可以校对有没有漏字，只要看第一个字和最后一个字就可以看有没有漏字。

有人检查过，一部8000字的敦煌佛经，几十米长卷中只发现了一个错别字。

敦煌写卷始于西晋，扩于北朝，盛于隋唐，终于五代、宋初，这是中国书法发展最关键的时期。在敦煌的卷子中，能不能找到书法衍变的脉络和轨迹呢？

敦煌的数万卷写经中，篆书、隶书、楷书、行书、草书五体俱全。翔实地记录了汉字在隶变完成后向唐楷过渡的全过程。

残存的《篆书千字文》带有很重的楷书味。它上承魏晋，下启宋元，在篆书历史上具有划时代意义。

敦煌遗书中没有标准的隶书，但魏晋南北朝时期的写本明显受到隶书和魏碑的影响，既保留了隶书、魏碑的痕迹，又摆脱了隶书、魏碑的拘束。这种写法甚至影响到了宋朝苏东坡的书法。

唐朝以后，敦煌楷书技巧炉火纯青，艺术表现得淋漓尽致，传世精品不胜枚举。

敦煌遗书中的草书《佛经疏释》锋芒毕露、豪迈洒脱；《文心雕龙》结体瘦长、风姿绰约；《书函》章法错落、大开大阖。中间还夹了一节王羲之《兰亭序》的临摹，透露了书家书风的来源。

中唐以后，敦煌卷子的行书逐渐增多，书体相当流利，字迹像现代人写的钢笔字。

敦煌研究院研究馆员、敦煌学家李正宇说，经过对比发现，它和原来毛笔书法大不相同，完全是和现在用钢笔书写或者是用圆珠笔书写的字体一样。

这些类似钢笔字的文书有儒家典籍、治病药方、寺院账册、官府文牒、借贷契据、学童习字等，各种文体洋洋大观，很多是失传的传统文献。据考证，这些字都是用改良过的木笔、竹锥笔、苇管笔、骨笔、红柳木笔蘸墨写成，和近现代从西方引进的蘸水笔十分接近。

李正宇说，在甘肃省武威市张义堡一个西夏遗址里，发现西夏时期一个竹管，竹子削成尖尖的，中间开了一道缝，就像现在的钢笔一样，用它蘸上墨汁写字，可以说是钢笔的老祖宗。

这种从西汉到元朝在敦煌地区普遍流行的硬笔书法，证明了西汉以来，硬笔书法依然存在和流行于日常书写应用之中，出人意料地填补了中古时期硬笔书法的空白。

李正宇说，中国书法最早是从硬笔书法开始的。如果我们从最早可以认定的文字甲骨文开始，甲骨文其实就是硬笔书法。汉字硬笔书法起源于殷，盛行于商、周、秦朝，式微于毛笔出现后的秦汉至民国时期，20 世纪后半叶硬笔再度成为汉字书写的主要工具。中国书法史不只是毛笔书法的一统天下，还有更加源远流长的硬笔书法。

在十分讲究传承的中国书法领域，敦煌的经生们从哪里汲取书法艺术的充足养分呢?

敦煌藏经洞中有一幅大书法家欧阳询所书的碑刻拓本，这说明，欧阳询早就是唐朝敦煌经生楷书训练的模板了。

大名鼎鼎的柳公权写的《金刚般若波罗蜜经》，在敦煌卷子里也有卷装拓本，首尾完整，纸墨如新，笔锋刚健俊秀，结字坚挺匀称，是纯正楷书的范本。

唐太宗李世民行书《温泉铭》的拓本，共存15行。李世民酷爱书法艺术，这幅行书雍容大度，绮丽洒脱，有明显的“二王”书风。

众所周知，唐太宗酷爱“二王”书法到了疯狂的程度，他甚至将《兰亭序》做了他的陪葬品，不惜让王羲之书法真迹从此绝迹。

在唐朝敦煌，王羲之作品流传甚广。

唐太宗夺天下后，他叫大家学王羲之的书法，王羲之作品大量复制。作品的风格影响到敦煌地区。

敦煌写卷中发现了王羲之《十七帖》的临本三帖，分别是《龙保帖》《瞻近帖》《得足帖》残片，都是唐朝临本。唐以后王羲之真迹荡然无存，现在看到的多为宋朝以后翻刻、临摹的，而唐朝临本存世的也不过十余件。

法国国家图书馆藏有一篇《兰亭序》全文，是经生临摹王羲之的作品，还有王羲之的书法论著《笔势论》残卷。它可以证明，在宋以前，王羲之的《笔势论》已在敦煌民间传抄开了。

唐朝以后，王羲之书法已深深地植根于敦煌大地，融入敦煌书法家的血液之中。说明南方的书法对北方开始有影响。

从东晋王羲之敬慕张芝墨池，到唐宋敦煌经生追捧兰亭墨迹，千百年来，南北书风互相渗透，兼容并包，共同铸就了中国书法的繁荣盛世。

四、翰墨千秋

为后世留下万卷书法墨宝的敦煌写经人，却很少留下他们的名字。

鲁迅名著《孔乙己》中“孔乙己”的名字是怎么来的？鲁迅先生这样解释：因为他姓孔，别人便从描红纸上的“上大人孔乙己”这半懂不懂的话里，替他取了一个绰号，叫作孔乙已。

从敦煌遗书里，我们找到了这个习字帖的全文：“上大夫，丘乙己，化三千，七十士，尔小生，八九子，佳作仁，可知礼也。”

这是古代学童习字入门阶段最为普及的教材。也有些写本写作“上大人，孔乙己”。全文仅有25个字，笔画简单，容易书写，而且朗朗上口，通俗易懂。

中国台湾南华大学教授、敦煌学家郑阿财认为，虽然只有25个字，可是这25个字已经隐含了中国书法的基本结构。

面对古人的书法墨迹，许多现代人都发出这样的慨叹：为什么古代人人都写得一手好字？

酒泉市书法家协会副主席王小宇认为，这是一个文字背景的问题。那时的文字背景是篆书或隶书，而我们认识的汉字首先是楷书的印刷体，这就造成了当代人写的字和汉朝人写的字构型不一样。

古今练习书法的方法也大不一样。唐朝学童认字和写字不是完全同步。

郑阿财说，古代人把认识字跟写字分开，《千字文》读完就认识1000个字，可是写“上大夫孔乙己化三千七十士”，很简单，在写的时候，每个字写一行、两行，把结构弄熟悉。其实小孩子可以认识很生、很难的字，看一遍就认得，但不一定会写。现代教育把识字和写字合在一起，缺少了从易到难循序渐进的系统书法练习。

《千字文》是梁武帝时期的周兴嗣从王羲之书法中选择1000个不同的单字编写而成。内容包罗天文地理、历史演变、文学艺术、修身治国、礼仪规范等，对仗工整、音韵铿锵、文采斐然。是中国流传年代最久远，使用最广泛的识字和书法教育的教材。

敦煌写本中《千字文》习字本超过50件。证明《千字文》在唐五代时期的敦煌地区广为流传，受到各阶层、各民族的普遍欢迎。

《千字文》1000个字没有重复的，熟记后就认识1000个字，有了“上大夫孔乙己”的基本笔画，再写千字文，对1000个字的结构就更加熟悉，所以过去只要受过教育的，他们拿起笔来就可以写出一手好字。

在一份唐朝学生写字作业的原件《千字文》的卷子上，第一个字是老师写的示范字，学生在后面跟着写，每个字写30遍到100遍不等，上面还标注了日期，规定了每天的作业量，大概是5个单字。这份作业上还保留了唐朝老师批改的“手迹”。

后面写到“渐有少能，亦合甄赏。休。”意思是说，老师看完了这个学生的作业，认为写字逐渐有进步了，应该好好地奖赏你、甄赏你，最后“休”，是指老师说我已阅读完。

并不是每个学童都这么用功，也有调皮捣蛋不写作业的，按照当时学堂的规矩，他们无一例外会受到鞭挞体罚。

莫高窟第468窟的《药师经变》壁画，展现了唐朝学堂的场景：只见老师端坐中央，台阶下一个学童缩着身子，微微翘起屁股，无辜的眼神回望着身后的助教，助教则高举教鞭，正准备抽打学子。其他学童坐在廊下，一副敢怒不敢言的神情。

从汉朝起，敦煌的教育就很发达，西凉时期曾设过太学，也就是现在的大学。唐宋时期，设有州学、县学、寺院办的寺学，还有私塾。在考取功名和成为经生之前，学子们要经过漫长而枯燥的学习训练。百般无奈、穷极无聊之际，偶尔信手涂鸦或写打油诗就成了他们发泄郁闷，表达心中梦想的最佳渠道。

这些打油诗都写在敦煌写卷的末尾或背后，也有夹在卷子中间，写在空白处的，看似漫不经心，无意中却透露了唐朝学子真实而复杂的内心世界。

面对繁复的抄写功课，一个顽皮的小家伙便以捉弄同学为乐，将打油诗写在同学的《千字文》课本上，还以为自己的恶作剧不会穿帮而洋洋得意。

“今日书他智（纸），他来定是嗔。我今归舍（舍）去，将作是何人？”

法藏敦煌卷子《论语集解》卷四末尾有一首学郎诗：“由由（悠悠）天上

▲ 敦煌壁画

云，父母生我身，小来学李（里）坐，今日得成人。”

要想长大成人，就必须从小在学堂里努力学习，这是学郎们的共识。

还有更直白的表达：“清清（青青）何（河）边草，游（犹）如水舄舄，男儿不学问，如若一头驴。”

在敦煌学子们信手涂写的诗句中，竟然还有不少爱情诗题写在佛教经典的背面。可见唐朝社会的开放和包容。

情窦初开的青年学子们对爱情的向往大胆而直白，没有丝毫的扭捏作态："那日兜头见，当初便有心。数度门前过，何曾见一人。"

这分明是一种单相思，还有更火辣的爱情道白："今日好风光，骑马上天堂。须（谁）家有好女，家（嫁）如（与）学士郎。"

这首诗真情流露，豪迈奔放，表现了唐朝敦煌青年朝气蓬勃、舍我其谁的火热情怀。

经受了十年寒窗之后，这些学子中的很多人加入了敦煌文书抄写者的行列中。

敦煌的抄经人分 3 类：一类是僧人；二类是学士或称学士郎；三类是经生或者写生、书手。他们以抄书谋生，什么书都抄。写字较差的经生只能为穷人抄写经书，报酬微薄，没有保障。常常遇到施主不讲信用，报酬化为泡影的窘状："今日写书了，因何不送钱？谁家无赖汉，回面不相看！"

胡适先生曾引用过这首打油诗，称之为"写书手的怨诗"。他感叹道："可怜我们沾千年后的同情心，已不能救济他们的贫困了。"

另一个穷经生也在题记中袒露了自己的苦衷："今日写书了，合有五升麦，高代（贷）不可得，还是自身灾。"（《秦妇吟》卷末）高利贷借不得，因为还债是更大的灾难，还是继续抄经糊口吧。

"可怜学生郎，每日书一张。看书佯度日，泪落数千行！"（中国书店藏《社司转帖》卷末）他们也曾书生意气，傲视群雄；也想建功立业，青史留名。但面对贫困的生活，又只好放下满腔的抱负，忍受心灵的折磨，为五斗米折腰。他们以泪和墨，以血磨砚，终其一生，为后世留下锦绣文字，却大多连自己的名字都没有留下。

敦煌藏经洞 60000 件经卷文书中，留下姓名的仅有 203 名，大多数是施主、供养人和收藏者的名字。

2005 年冬天，《中国书法全集》主编、书法家刘正成先生到大英博物馆和大英图书馆，想亲眼看看被斯坦因劫掠的敦煌汉简和写经。

馆长吴芳思对他说："20年前启功先生来过，20年后你来了。对敦煌文献研究的书法家就来了你们两个人，其他都是研究敦煌学的学者。"她很欢迎中国书法家去研究敦煌简牍的书法和写经的书法。

敦煌遗书所展示的中华先民的书法真迹，以及书写中的丰富变化，在国际书法界曾引起过很大震动。20世纪60年代，著名敦煌学家、书画家饶宗颐先生帮助日本二玄社编辑出版了60册《敦煌书法丛刊》，这套丛书在日本影响很大，敦煌书法的学习在日本掀起了热潮。时至今日，还有日本学者不远万里到敦煌考察十六国时期的墨迹。

20世纪80年代以来，随着国内书法热再度兴起，大批敦煌书法专著相继出版，敦煌书法研究开始有所改观。另外，收藏于英国、法国、俄国和国内各大图书馆、博物馆的敦煌写卷影印本也全部在国内出版，可以让更多的人走近敦煌书法。

国内最早注意到敦煌写经书法的书法家们，从敦煌的书法宝库中获取了充分的滋养。

刘正成说："写经的书法对我的行、楷书影响很大。我不愿意写像欧阳询、柳公权这样的楷书。我愿意写敦煌写经上的那种楷书，自由。"

饶宗颐先生说过，永远不要低估古人的智慧！敦煌书法所昭示给后人的，绝不仅限于简单的创作技巧，在那包罗万象、博大精深的古代艺术宝库中，包含着繁星一般闪烁着诱人光芒的新课题。而每一个发现都会引发更多的发现——这就是它的巨大魅力所在。

21世纪的中国，正在以前所未有的速度创造着令世界惊叹的经济奇迹。与此同时，人们工作生活节奏的快捷化，大众文化消费的快餐化，文化传播方式的电子信息化，使得中国传统艺术日益丧失了人文背景和现实土壤。互联网时代的到来，使越来越多的学子远离了书法，越来越多的中国人甚至告别了纸和笔。有人担心，在键盘和鼠标的敲击声中，有着5000年历史的中国书法艺术，会不会从此成为绝响？

传统和创新的课题早在1000多年前的敦煌就已得到了完美解决。作为中西文化交流的前哨，敦煌见证了中华民族大规模地走向欧洲、走向世界的文化输出和文化引进。在这里，人类四大文明和谐共处，交流融合，中国文化非但没有被西方同化，反而吐纳吸收、自我创新，获得了空前的创造力和凝聚力。

在世界经济一体化的今天，国际的竞争正在逐步显现为文化软实力的竞争。作为正在崛起的东方大国，我们的当务之急就是要从文化引进走向文化输出。

通过中国书法家协会和中国书法院的积极申报，2009年9月，联合国教科文组织正式将中国书法、篆刻、安徽宣纸同时列入人类非物质文化遗产名录。同时列入的雕版印刷也与书法有着莫大的关系。这标志着人类艺术体系中历史悠久、独一无二、丰富多彩的中国书法开始大步走向世界。

申遗不是目的，申遗最终的意愿还是保护和促进这门艺术的繁荣和发展。

走过数千年风雨历程的中国书法，不仅是中国人的文化胎记，也是全人类共同的精神文化财富，每一个华夏子孙都负有传承发扬书法艺术的神使命。

1993年，年逾花甲的流萤先生从甘肃省人大常委会副主任的岗位退休之后，就迫不及待地着手建设兰州碑林。他要把敦煌汉简、淳化阁帖、敦煌写经以及历代书法家的名作刻于碑林，传之后世，以了却几十年的夙愿。

2000年，凝聚了流萤先生毕生心血的兰州碑林终于在兰州白塔山西峰之巅落成。但78岁的流萤先生却积劳成疾，于2005年11月不幸去世。

▲ 兰州碑林

走进兰州碑林，仿佛走进了中国书法长廊，这里精选了从远古到2000年期间的书法精品，每一块石碑后面都站立着一个彪炳千秋的人物，铭刻着一段可歌可泣的故事。

秦汉简牍、敦煌写经是自问世以来首次大规模刻石，它们与肃府本

《淳化阁帖》一起，被称为兰州碑林的“镇馆之宝”。

存于《淳化阁帖》的草圣张芝《冠军帖》被放大，作为甘肃历代书法名家的第一块碑，镶嵌在碑林西廊，供万世瞻仰。

碑林的主体建筑“草圣阁”以草圣张芝命名。著名雕塑家何鄂创作的万年青花岗岩张芝雕像伫立在碑林中央，他手执笔管，面朝黄河，似乎正要奋笔疾书，洒下满纸云烟。这位布衣书生的雄伟身姿，是碑林永远的旗帜，是华夏民族自信的依据与历史的荣光。

明朝著名学者何良俊说："自唐以前集书法之大成者，王右军也；自唐以后集书法之大成者，赵集贤也"，后者指的就是元朝大书法家赵孟頫。赵孟頫开创的回归魏晋、回归传统的书风一直影响了中国书坛几百年，直到今天，他的影响依然存在。

悲情书家

▲ 赵孟頫像

就是这样一个人，在他的身后，却一直存在着"誉之甚隆"和"毁之甚烈"这样两种截然对立的评价。

赵孟頫，字子昂，号松雪道人。浙江省吴兴区人。赵孟頫的血统正宗而高贵，他是赵宋王朝的后裔。他的十世祖先可以追溯到宋太祖之子八千岁赵德芳身上，但赵孟頫的青少年时代却是在坎坷忧患中度过的。他的父亲官至户部侍郎，优越的家庭环境给了幼年的赵孟頫以良好的文化熏陶，不幸的是在赵孟頫 11 岁时父亲便去世了。

一、忽必烈赞叹赵孟頫："以为是神仙中人"

赵孟頫自幼聪敏，读书过目成诵。14 岁时，赵孟頫便担任真州司户参军，他把这个职务看作是报效朝廷的机会和实现抱负的起点。但南宋王朝其时已

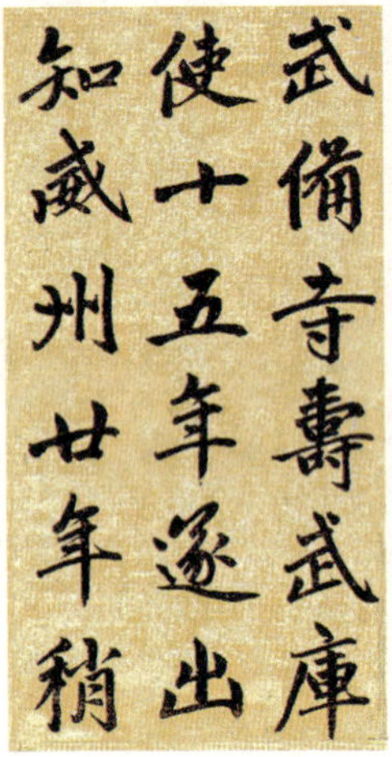
▲《仇锷墓碑铭》

▲《道德经》(局部)

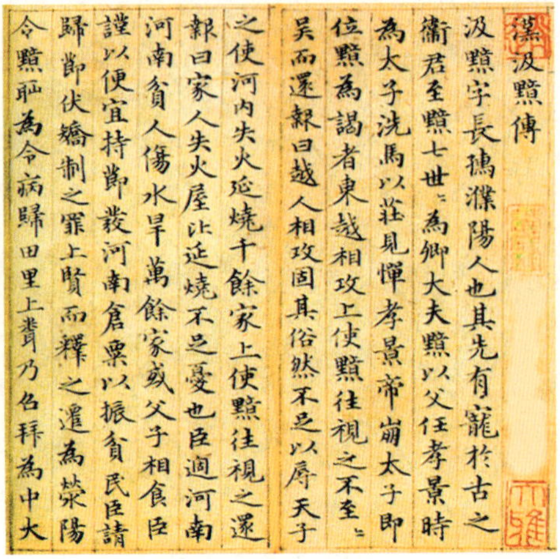
▲《汲黯传》(局部)

如大厦将倾，朝不保夕，这个摇摇欲坠的王朝大厦已经托不起赵孟𫖯的梦想了。随着南宋的灭亡，赵孟𫖯不得不闲居家中。

在闲居的日子里，赵孟𫖯苦研学问，沉浸于诗文书画之中。赵孟𫖯是一个非常全面的文人，他的书法潇洒中见高雅，秀逸中吐清气。他的绘画开宗立派，是文人画派的一代宗师。他通音律，著有音乐专著；他的诗文清邃奇逸，读之使人有飘飘出尘之想。元朝诗人杨载称：“孟之才颇为书画所掩，知其书画者，不知其文章，知其文章者，不知其经济之学。”就是这样一个人，在他的身后，却一直存在着“誉之甚隆”和“毁之甚烈”这样两种截然对立的评价。那么为什么在赵孟𫖯身上会出现这样的情况呢？他又是怎样的一个人呢？

▲ 赵孟𫖯传世名作《兰蕙图》

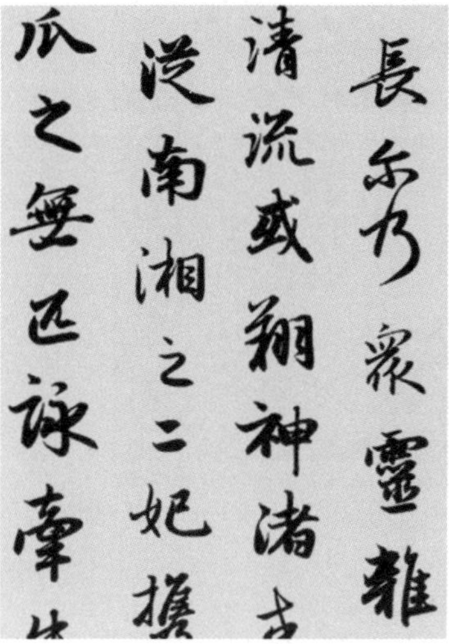

▲《洛神赋》(局部)

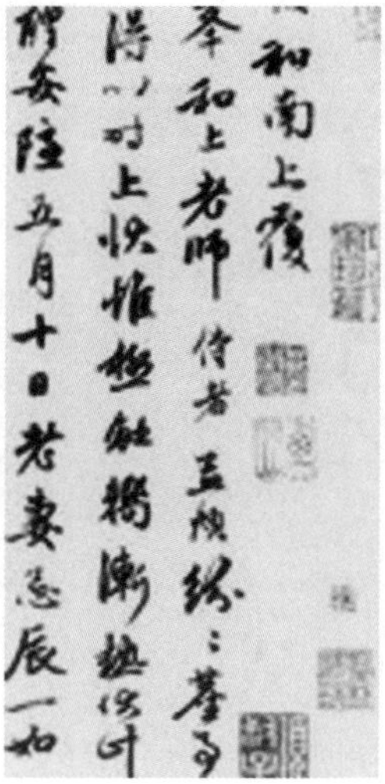

▲《与中峰和尚书》(局部)

▲ 赵孟頫《汀草文鸳图》

年轻的赵孟頫是吴兴一带杰出的青年才俊，吏部尚书夹谷最先力推赵孟頫为翰林国史院编修官。然而这时的赵孟頫却无心在元朝做官，于是婉言谢绝了。他在《赠别夹谷公》的一首诗中这样写道："青青蕙兰花，含英在林中。春风不批拂，胡能建幽心。"赵孟頫借山中静静开放的蕙兰花婉转地表达了自己宁愿闲居在山林，也不愿出去做官的心情。

然而几年之后，赵孟頫却改变了初衷，他没有能像蕙兰花那样，静静地

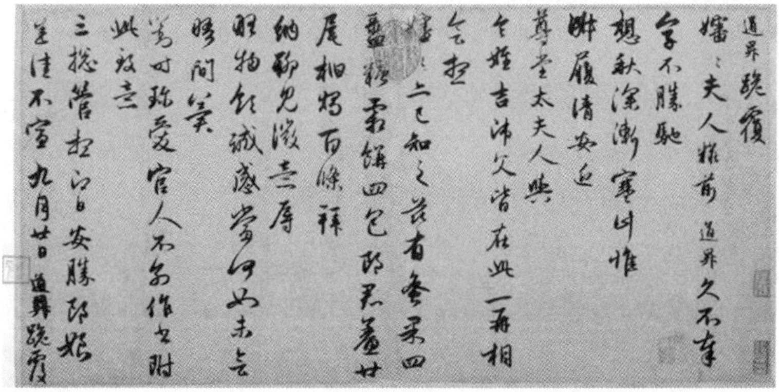

▲《秋深帖》

▲ 元赵孟頫红衣罗汉图

在深山中开放，时年 33 岁的他最终还是做出了出山的选择。

赵孟頫到达元朝的统治中心元大都后，立即受到了元世祖忽必烈的接见。看到赵孟頫相貌清奇，器宇轩昂，忽必烈大为赞叹，“以为是神仙中人”。最高统治者的亲切会见，使得年轻的赵孟頫热血沸腾。赵孟頫表示：“士少而学之于家，盖亦欲出而用之于国。”此时的他决心要用自己所学到的知识来报效国家。

但当时，蒙古大臣对得到忽必烈赏识的赵孟頫嫉恨有加，赵孟頫在朝廷中也不得不处处小心行事，在这样复杂的政治环境中，赵孟頫终于开始对自己的出山感到懊悔了。37 岁时，入京 4 年的他写下“误落尘网中，四度京华春”的诗句。

其后赵孟頫所作《罪出》一首诗，内心的悲伤更是溢于言表：“在山为远志，出山为小草。古语已云然，见事苦不早。平生独往愿，丘壑寄怀抱。图书时自娱，野性期自保。谁令堕尘网，婉转受缠绕。昔为海上鸥，今如笼中鸟。哀鸣谁复顾，毛羽日催槁。”从这首诗中我们可以清楚地看到赵孟頫内心的矛盾和痛苦，想为国尽力，又深知自己的特殊身份。自己寄人篱下，虽然荣华富贵，却事事堪惭。

他像一只笼中的小鸟在哀鸣，只能任由“毛羽日催槁”。这种痛苦的心情无法向人诉说，因此只能从佛教教义中求得解脱，他拜高僧为师，与夫人管道升一同做了虔诚的佛门弟子。

二、儒家思想的所学与一身侍二主的所为令赵孟頫终生困惑

赵孟頫的痛苦并不在于他的怀才不遇，每时每刻挤压在他心口的巨石恰恰是他太熟悉、太了解儒家道德规范了，他清楚地知道自己一身侍二主的所为是与这个规范截然相悖的，他的心灵时时刻刻都在经受这条无形鞭子的抽打。

在元朝，当时的汉族知识分子似乎能够理解赵孟頫，并对他推崇备至。但到了汉族重新取得统治权的明朝，人们对于赵孟頫的议论却越来越多。

虽然衡量文人和衡量浴血疆场的将士标准不一，但是在历史上也不乏慷慨赴死、英勇就义的事例。前有唐朝三朝元老、书法家颜真卿面对叛将的威胁利诱，大义凛然，慷慨赴死；后有明末清初福建黄道周作为明朝弃臣，在清兵进犯时毅然起兵抗清，壮烈赴死。

和颜真卿、黄道周相比，赵孟頫的行为自然就形同变节事敌，猥琐无骨。赵孟頫的书法自然也受此牵连。明朝的书法理论家项穆就曾以卫道的立场指斥“赵孟頫之书，温润娴雅，似接右军正脉之传，妍媚纤柔，殊乏大节不夺之气”。清朝冯班也说：“赵书精工，直逼右军，然气骨自不及宋人，不堪并观也。”这些评论尽管都肯定赵孟頫的书法是和王羲之一脉相承的，但同时又指出，赵孟頫书法中流露出来一种缺乏气节、缺乏骨气的奴性。

这一切的罪恶之源就是因为赵孟頫“天水之裔”却“甘心仇禄”。既然赵孟頫是赵宋皇室的后裔，怎么能甘心食仇敌俸禄呢？

▲ 明末清初傅山像（1607—1684）

明末清初的思想家、书法家、医学家傅山是比较集中对赵孟頫出山的问题提出反对

意见的人。傅山本人是坚决不和清朝合作的，他为了不剃头宁愿出家做道士，同时穿红衣服，即朱衣，因为明朝的姓是朱。

当康熙皇帝在康熙十七年（1678）年颁诏天下，令三品以上官员推荐“学行兼优、文辞卓越之人”时，傅山称病推辞。被强行押送至北京参加康熙主持的考试时，傅山卧床不起，拒不参加考试。康熙面对傅山如此之举并不恼怒，反而诏令“傅山文学素著，念其年迈，特授内阁中书”。

如此隆恩，傅山却丝毫也不领情，拒绝叩头谢恩。就是这个宁死不做大清官员的傅山，在年轻时也曾经欣赏并学习过赵孟頫的书法。清朝推翻明朝之后，国破之恨无法释怀，傅山转而对“事敌”的赵孟頫变得极为鄙视，容不得赵孟頫的“贰臣”行为。他告诉他的子孙说：“予极不喜赵子昂，薄其人遂恶其书”“痛恶其书浅俗如无骨”。

赵孟頫是无力改变现状的。他只能在诗文中感慨人世的艰难了。“功名亦何有，富贵安足计？唯有百年后，文字可传世。譬溪春水生，必志行可遂。闲吟渊明诗，静学右军字。”这时的赵孟頫能够静下心来读一读古人的诗文，能够心慕手追魏晋书风，寄情于书法艺术，已经成为他摆脱内心痛苦的精神寄托了。

三、功兮，过兮，誉兮，毁兮，自有后人评说

元贞元年，元世祖忽必烈去世，赵孟頫借口身体有病，终于返回了阔别多年的故乡吴兴。

赵孟頫在江南闲居 4 年，无官一身轻，寄情山水，颇感自在。他时常到山清水秀、人文荟萃的杭州活动，与四方才士常聚于西子湖畔，谈艺论道，挥毫遣兴。在书法实践中，他极力推崇东晋书圣王羲之。赵孟頫以魏晋法度为书法艺术的理想境界，他说“古法终不可失”，得古法者品位自然就高。所以说如果元朝的书法潮流是复古，而高举复古大旗的这个人就是赵孟頫。

大德三年（1299），赵孟頫被任命为集贤直学士，官职虽然没有升迁，但

此职并不需要离开江南，在这个职位上，赵孟頫总共干了 11 年。

皇庆二年（1313），随着仁宗即位，赵孟頫的命运发生了根本性的变化。据《元史》记载，仁宗非常器重赵孟頫，他说："文学之士，世所难得，如唐李太白、宋苏子瞻，姓名彰然，常在人耳目。今朕有赵子昂，与古人何异。"仁宗皇帝把赵孟頫比作唐朝的李太白和宋朝的苏东坡。延祐三年（1316）七月，赵孟頫被拜为翰林学士、荣禄大夫，官至一品，备受帝王恩宠。至此，赵孟頫的政治地位达到了一生中的顶峰。

然而赵孟頫面对功名利禄，内心的痛苦仍然不能缓解。回顾自己的一生，他感慨万千，不禁悲从中来："齿豁童头六十三，一生事事总堪惭。唯余笔砚情犹在，留与人间作笑谈。"牙齿和头发都已经掉光了，在自己 63 年的生命历程中，除了书画尚可聊以自慰外，其他一事无成，令他感到惭愧。

赵孟頫的夫人是著名的女词人管道升，她深知赵孟頫的内心痛苦，曾填词劝慰赵孟頫说："人生贵极是王侯，浮名浮利不自由。争得似，一扁舟，吟风弄月归去休！"她认为富贵名利都不及自由更宝贵，不及驾一叶扁舟，吟风弄月来得痛快。

延祐五年，管道升病逝。相濡以沫的夫人离他而去，赵孟頫受到的打击可想而知。其间，仁宗、英宗数次召他赴京，但此时的赵孟頫早已是心力交瘁，根本无心朝政了。

1322 年 6 月，赵孟頫无疾而终，享年 69 岁。

对于赵孟頫，北京师范大学艺术与传播学院教授倪文东有这样的评价：在从蒙古族统治的元朝到明朝的过渡时期里，赵孟頫担任了一个非常重要的角色，他在少数民族统治的时代使传统的汉族书法发扬光大，并且走了非常巧妙的路子，即复古，以复古来创新，这是非常大的贡献。

赵孟頫书法的温雅秀润是前无古人的，后人称其"肉不没骨，筋不外透，虽姿媚溢发，而波澜老成，譬之丰肌玉环，作霓裳舞，谁不心醉？"赵孟頫书法是秀润之美的典型，如同王羲之书法的中和之美、颜真卿书法的气格之美一样，是无与伦比的。

赵孟頫作为元朝地位最为低下的“南人”，却能够官至一品，名满四海，这在元朝历史上独一无二。尽管如此，痛苦而压抑的心态依然伴随着他的一生，使赵孟頫成为一个悲剧人物。但是由于赵孟頫的出现，元朝的书画风气发生了巨大的变化。蒙古大汗的铁骑征灭了南宋，赵孟頫则以优秀的汉文化艺术征服了大汗的子孙。一个伟大的艺术家，做到了薪火不灭、古法不失。

对于这样一个呕心沥血，把一个文人的微薄之力发挥到极致的人，我们还能苛求他什么呢？

在赵孟頫身后七百多年来，他的声誉一直受到损毁，他的书法成就也一再受到贬低和忽视，他的历史贡献被打了折扣，这一切无一不是和沉浸在中国文人血脉当中的儒家伦理道德规范密切相关。

▲ 清乾隆摹赵孟頫《汀草文鸳图》

赵孟頫在个人内心极度痛苦的情况下，忍受着世人所无法理解的心灵折磨，使中国的书法艺术在元朝得以传承并发扬光大。由于他的作为，在中华民族文明史上同样树立起一座丰碑。乾隆皇帝也对赵孟頫推崇有加。

曾经对赵孟頫深恶痛绝的傅山，到了晚年，对赵孟頫的评价产生了根本的变化。他在《秉烛》一诗中写道：“秉烛起长叹，其人想断肠。赵厮真足奇，管婢亦非常。醉起酒犹酒，老来狂更狂。斫轮余一笔，何处发文章。”令傅山在深夜秉烛长叹，辗转难眠，他思念的人到底是谁呢？从诗中可以看出，这个人正是赵孟頫。诗中用“足奇”“非常”这些词汇，充分表达了诗人对赵孟頫的敬佩。这时的傅山开始理性地看待赵孟頫了。也许是随着清朝统治的逐步巩固，明亡的历史不可更改；也许傅山也意识到薪火相传的意义？不管怎么说，这时的他也许才领悟到赵孟頫把自己的理想和抱负寄托于手中的管笔之上是多么难能可贵。

董其昌一生都在入仕与归隐的矛盾中度过。不仅如此，年轻时因落笔不工而痛失入仕良机；去世几十年后其书却被封为“馆阁体”，莘莘学子如果想要走上仕途，首先必须仿效他的一笔一画。他一生倡导“临书不临死”。

淡笔尚书

董其昌一生倡导“临书不临死”，而他身后的文人士大夫们却在皇权的威慑下，不但要临，还必须是“死临”。后人称其为淡笔，大概是缘于闲云野鹤般的归隐生活造就了这样的一位书法大家吧！

清乾隆年间，啸园主人、著名的收藏家沈古心在园内建造藏书楼时，将

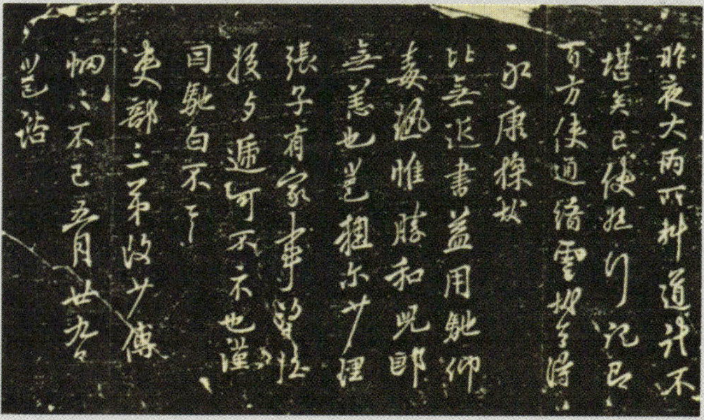

▲ 淡笔尚书《戏鸿堂帖》

▲ 淡笔尚书董其昌像

他用毕生心血收藏的书法墨迹《戏鸿堂帖》请篆刻名家刻碑镶嵌于回廊壁之上，作为镇宅之宝。而清咸丰十一年（1861）三月，李鸿章不经意间发现了镶嵌在墙壁上的碑刻《戏鸿堂帖》，马上命令随从毁壁取碑，连夜装船运往合肥老家。名碑帖《戏鸿堂帖》的书写者就是明朝最负盛名的书画大家董其昌。

一、一个偶然原因使董其昌成为明朝书法的开派之人

▲ 淡笔尚书印章落款

董其昌的墨迹到底有何魅力，能引无数收藏者趋之若鹜呢？“读万卷书，行万里路”这句我们所熟知的格言便出自董其昌。董其昌的一生就一直在仕途和隐逸的矛盾纠葛当中反复无常，几度浮沉，他兼备多方面的才艺，正好为他的读书与行路作了最为完善的诠释。

董其昌，字玄宰，号思白，1555 年生于松江华亭（今上海市松江区华亭）。董其昌曾经官至礼部尚书，权高位重。但是后人

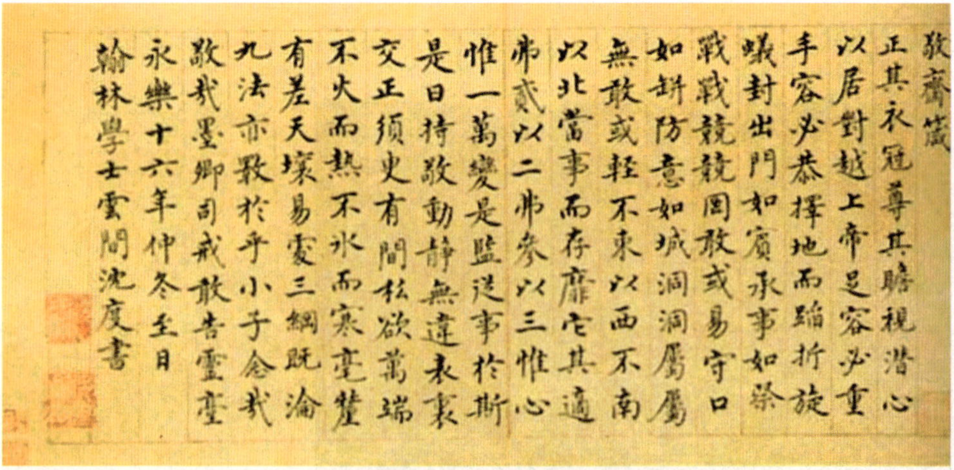

▲ 淡笔尚书馆阁体《敬斋箴册》

知道董其昌却往往不是因为他的显赫官职，而是他那影响后世长达300多年的书法艺术。

据《明史·文苑传》记载，董其昌在世时已经“造请无虚日，尺素短笺，流布人间，争购宝之”。

到了清朝，康熙、乾隆皇帝都对董其昌的书法作品爱不释手，以为楷模。历经300多年的沧桑，又有帝王的推崇备至，难怪李鸿章在啸园不惜留下恶名，也要把董其昌的书法碑刻掠为己有了。

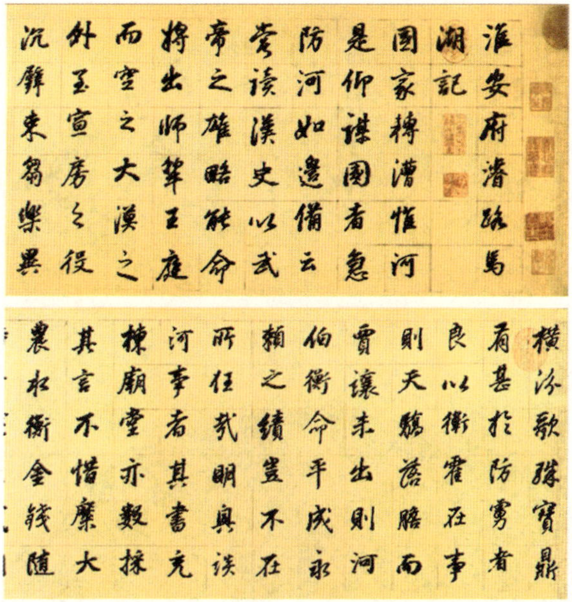

▲ 淡笔尚书《浚路马湖记》

董其昌出生在一个穷困的乡村秀才家中，生活的窘迫激发了年轻的董其昌一心要走科举入仕之路。而走上书法艺术道路，成为明朝书法的开派之人却完全是出于一个偶然的原因。

董其昌在自己的书论《画禅室随笔》中，这样记述了自己这段特殊的学书历程：“郡守江西衷洪溪以余书拙置第二，自是始发愤临池矣。吾初师颜平原《多宝塔》，又改学虞永兴。以为唐书不如晋魏，遂仿《黄庭经》及钟元常《宣示表》，凡三年，自谓逼古，不复以文徵仲、祝希哲置之眼角。”原来，17岁的董其昌参加松江府会考，只因试卷上的字写得不好，被降为第二，而文章比他差，但字比他好的堂侄董原被点了第一名，董其昌从此开始发愤学习书法，先学唐朝大师颜真卿、虞世南，之后觉得魏晋书法更为风流，于是，又临王羲之和钟繇。这样苦学3年，已经深得古人之法。文徵明、祝枝山这样的本朝书法大家们已经不被他看在眼里了。

据记载，曾有落魄的大姓人家子弟以60金出卖古人的墨迹，当时还困顿

▲ 淡笔尚书草图扇面

▲ 淡笔尚书五言诗扇面

贫寒的董其昌竟然拿出自己全部的教书所得购买下来，以致“垂囊而归”。这种举动自然招来家人的责骂，董其昌对此毫不在意，相反，如获至宝的激动竟使他夜不能寐。

因为董其昌的出现，在明朝末年形成了一个新的书法流派，以董其昌为代表的这个流派以儒雅平淡和富有禅宗意味的书法意境而迥异于历代书法大师，董其昌因为倡导文人流派，而成为中国书法史上追求意境最为成功的书法家。宦海沉浮，寄情于山水书画才是真性情。

万历十七年（1589），已经34岁的董其昌终于得中进士，入翰林院学习。董其昌之师、翰林院学士韩世能嗜书画成癖，在他的教诲下，短短几年，董其昌书学大进，在京城渐有名气。

董其昌尽可能小心翼翼地履行着他“传道授业解惑”的职责，几乎从不过问政治，但当他在授课中讲解“治国平天下”之儒家学说，试图去启发失宠的皇长子时，终于灾难降临。万历二十六年（1598），他被排挤出京，调任湖广副使。这一年，董其昌43岁。深感宫中是非莫测，宦海不定，董其昌干脆称病，不去赴任。他回到了松江，此后在松江一住就是6年。

董其昌常常和友人泛舟浦江，即景乘兴，泼墨山水，观赏法帖，行笔挥毫。这个时期的董其昌不遗余力地搜集王羲之、米芾等诸多名家的书法，日夜赏玩临摹，他的传世书法佳作《戏鸿堂帖》就是在这一时期问世的。有今人认为，董其昌不是创新派，他笔笔取法古人，有本有源，但他又是一位明朝的“开派”大家。因为董其昌有一个良好的习惯：临书不死临，正如董其昌自己所言：“临帖如骤遇异人，不必相其耳目、手足、头面，而应当是观其举止、笑语、精神流露处。”

▲ 淡笔尚书擅长山水

正当董其昌在江南游目骋怀、纵情山水的时候，朝廷的一道圣旨令他不得不再一次告别过了6年的隐逸生活。

此番朝廷派他出任的是湖广提学副使。这本应是一个需要高度责任心的职务，或许是6年的隐逸生活使董其昌丧失了一个朝廷命官的严谨和刻板？也或许是湖广一带能够给他带来创作灵感的山山水水使他心无旁骛？更或许因朝廷的风云变幻使他心灰意冷？到任后的董其昌在游山玩水之余尽情地笔墨翻飞，乐此不疲。

有一回考试，前一天董其昌就在自己官署门前贴告示写下了“明日不考文”。第二天考试时，等待出题的学生们久坐不见考官，于是去请董其昌，董其昌却说：“昨日我已把考题贴在外面了，‘明日不考文’就是考题。”这种做法似乎有点太轻狂，被董其昌得罪的那些官员于是唆使学生起来闹事。在湖广任职仅仅1年的董其昌因这件事落了个无事一身轻，他返回故里，重新过上了悠游林泉、悠闲疏旷的士大夫生活。董其昌朝夕以书画诗文为乐，佛学禅理寄情。董其昌这次自作自受的官场失意，对于他来说非但没有任何悔意，反倒成了他求之不得的结果。

二、笃信佛教的董其昌成为一个超越了时代的书法家

能够安心消受静中之缘，的确不是浮躁之人所能为之的。董其昌所追求的闹中取静或许要得益于他对佛教的笃信。其间，董其昌认真思考书法中的学问，他尤其对赵孟頫加以反思和分析，他认为赵孟頫主要是从法度上来继承王羲之以来的传统，虽然技术精熟却少了意境的创造，所以董其昌想从意境上来对赵孟頫加以超越。董其昌既继承了王羲之的传统，同时也受到了陶渊明诗境界里平淡生拙的启示。另外，董其昌和赵孟頫不一样的地方在于：董其昌还把宋朝的书法作为自己继承的对象，宋朝黄庭坚、苏东坡的书法创作里面都渗透了某种禅趣。禅宗主要是讲求觉悟、解放和自我启蒙，董其昌从里面获得了很大的启示，他看透了书法里面很多本质性的问题，并在笔下得到了体现。因此，董其昌不仅超越了他同时代的人，也超越了时代，成为那个时代的大师。

泰昌元年（1620），明光宗朱常洛即位。这位当年的皇长子，忽然想起了曾经给他讲过课的董其昌，一道圣旨颁下，钦点董其昌任太常寺少卿，掌管国子司业事，国子司即全国最高学府和教育管理衙门。然而就在董其昌即将动身赴京任职之时，却传来了光宗朱常洛突然驾崩的消息。这一噩耗对董其昌来说，就像是晴天霹雳。他仰天长啸，痛感时运不济。

虽因光宗朱常洛的短命，没有让董其昌走上教育天下英才的太常寺少卿职位，但是在天启二年（1622）董其昌还是被新皇帝朱由校招入京城，并在天启五年（1625）出任南京礼部尚书。这是董其昌的第三次入仕，这时候的董其昌已经是一位古稀老人了。

由于当时党祸酷烈，阉党毒焰熏天，为了明哲保身免遭不测，董其昌在担任尚书一年后便再一次请辞，告老还乡了。

1626年，正是董其昌再一次隐退的那一年，董其昌创作了画作《栖霞寺诗意图》，描绘的是南京著名的栖霞寺。其时董其昌目睹了众所不齿的宦官奸党魏忠贤最终掌管了朝政大权，而昔日与他同朝的许多大臣，都被魏忠贤

诬陷致死。在这幅画中，董其昌描绘的佛寺隐隐约约地坐落在遥远的山谷之中。这或许表达了董其昌在当时混乱的政局之下，力图找寻一方清静之地的愿望。

▲《栖霞寺诗意图》

崇祯九年（1636）八月，82岁的董其昌走完了他的生命历程。这一年，距董其昌考中进士走上仕途已整整48年。其书体被清帝推崇为“馆阁体”，其时“千人一面，全国一体”。

究其一生，董其昌似乎一直处于一种矛盾之中。一方面是他对于仕途功名的热切向往，另一方面当遇到政治风浪的时候，他又能心甘情愿地弃官返乡，过怡然自得的隐士生活。如果说这是一种政治上的需要和智慧，是一种以退为进的人生经营的话，那么董其昌在日常生活中的所作所为似乎又无所顾忌、有恃无恐。

董其昌的书法艺术以儒雅清淡和书卷气浓郁被世人称道，然而“书品即人品”“书为心画”等这些衡量中国传统书法最高艺术境界的尺度在董其昌身上似乎很难得到清晰的解释。几百年来，人们对董其昌书法艺术的追捧从来就没有中断过，与此同时，衡量传统文人的价值尺度却始终对董其昌有着更多的宽容。

不管怎样，作为书法家个体，董其昌的确不失为一位引领时代书风的大家。他的书法神韵令人折服，他的笔墨法则不仅影响了当时的审美取向，也深刻地影响了之后近300年的大清王朝。

为了表示对这位书法家的仰慕，康熙皇帝还在一次南巡时专程来到董其昌的祠堂，挥毫写就了四字匾额：“芝英云气”，并称赞：“华亭董其昌，书法天资迥异，其高秀圆润之致，流行于楮墨间，非诸家所能及也。”

帝王的偏爱，使董其昌的书法被尊崇到了空前的高度。董其昌的书体被衍生成了清朝科举考试的规范体例，这就是所谓的“馆阁体”。一种对于书体的美学评判，在皇权的干预下转换成了一种不可违背的规则。不可抗拒，只能遵从。董其昌决然料想不到，他的笔墨竟然对后世造成了如此深刻的影响。

历史似乎在董其昌身上画了一个颇有意味的圆圈。董其昌万万不会想到，当初他自己因落笔不工而痛失入仕良机，但是在他去世几十年后，莘莘学子如果要想走上仕途，首先就必须仿效他的一笔一画，写出属于董其昌的书体来。董其昌一生倡导“临书不临死”，而他身后的文人士大夫们却在皇权的威慑下，必须拿出毕恭毕敬的态度来临摹董书。不但临摹，而且必须是“死临”，真正是“千人一面，全国一体”。如果不是后来的咸丰皇帝对董其昌的书法尊崇发生了改变进而引起所谓碑学派的陡然“起事”，董其昌很有可能将一直作为后代的书坛正宗而被人顶礼膜拜。

作为一代书法大家，作为一位毕生都在追求文人理想的倡导者，面对这一切，董其昌究竟是应该感到自豪还是应该感到悲哀呢？

世界上任何一种文字的创立，最初都是为了记录语言，但在流传下来的众多文字当中，唯有汉字兼具了实用和审美的功效，衍生出了独具魅力的书法艺术。这其中除了历代书家们的笔墨功夫外，和汉字本身的特点是否也有着密不可分的关系？甚至是否可以这样推想：我们的祖先在创造这种文字之初，就已经在字里行间融入了他们的审美意识？

翰墨精神

一、是否有了文字就诞生了书法艺术，中国书法到底起源于何时

中国书法的起源问题一直以来是学术界争论已久的话题。是不是有了文字就有了书法呢？

距今 3000 多年前的商朝，中国青铜器就已经进入了高度发达的时期。几乎是在青铜器产生的同时，一种兼有纪实和装饰作用的文字出现在钟鼎之上。这种青铜钟鼎之上的文字，被后人称为“钟鼎文”，也被称为“金文”。

清朝书法家李瑞清曾说：“学书不学毛公鼎，犹儒生不读《尚书》。”他认为临摹毛公鼎铭文字体，是学习书法必不可缺的一课。

钟鼎文已经非常久远了，但是它依然算不上是中国最古老的文字。中国可以辨识的最为古老的文字体系是一些简单而形象的线条——甲骨文。

▲ 现藏于故宫的毛公鼎

▲ 西周毛公鼎铭文

公元前 221 年，秦始皇统一六国后，下令“书同文”。丞相李斯在大篆的基础之上删繁就简，制定出一种比大篆更加简洁规范的文字，这就是小篆。秦始皇把小篆定为标准字体在全国范围内推广使用，李斯也因此成为中国书法史上第一位留下了姓名的书法家。

▲ 甲骨文

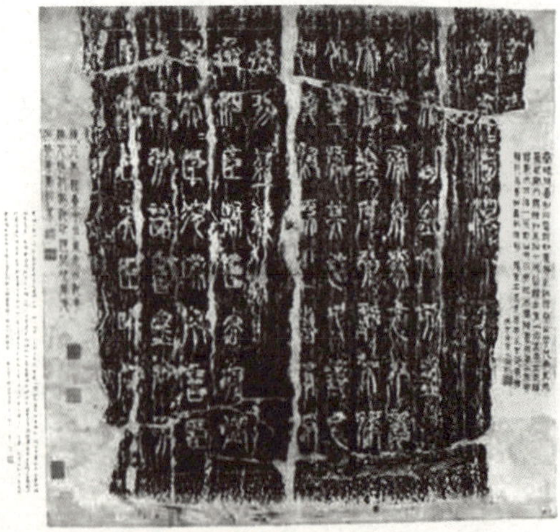

▲ 李斯小篆

沿着古中国文字的发展脉络我们发现了这样一个问题，那就是传统书法的体例被依次划分为真草隶篆，其中的篆书就包括大篆和小篆两种书体。既然作为汉文字源头的甲骨文和钟鼎文都被划属大篆书体的范畴之内，那么我们是不是可以得出这样的结论：那些刻在甲骨和钟鼎上的文字正是中国书法的开山之作。或者说，中国书法的产生就是伴随着古代文字的产生而同步出现的呢？

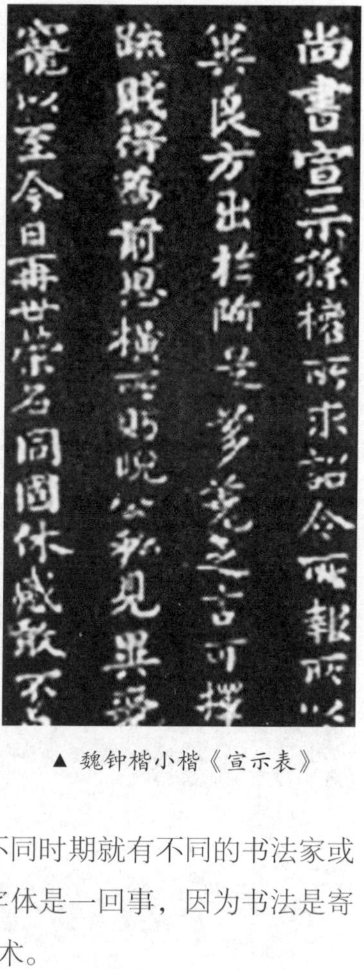

▲ 魏钟楷小楷《宣示表》

中国画研究院理论研究部副主任梅墨生认为上述问题争论的核心就在于字体与书体是不是一回事。

有一种观点认为书体与字体是一回事。比如郭沫若曾经说过，秦朝有秦朝的钟王颜柳（中国古代四大书法家：钟繇、王羲之、颜真卿、柳公权），战国有战国时候的钟王颜柳，而在甲骨文时期甚至也有当时的钟王颜柳，即不同时期就有不同的书法家或锲刻家。梅墨生也认为从广义的角度说书体与字体是一回事，因为书法是寄生的艺术，没有汉字这个母体也就没有书法的艺术。

还有一种观点认为书体与字体不是一回事。在北京大学历史学系刘墨看来，书法是艺术，艺术它有自身的规律，它一定要有书法家的主观情感、审美追求在里面，如果某种字体我们看不出有审美追求、审美情操和审美意趣，那并不能称为书法。北京师范大学艺术学院秦永龙也认为，在机械拼合的无机的文字符号上面进行加工，才能升华出真正的书法艺术，所以书法艺术是写字，但是不能反过来说写字就是书法艺术。

尽管存在着种种不同的观点，但是不可否认：在中国书法漫长的发展历程中，甲骨文、钟鼎文是迈出的第一步，当之无愧是中国书法长河的“三江之源”。

二、中国书法历千年而魅力永恒的关键在于文字、笔墨，还是人格性情

在秦朝通行小篆的同时，隶书在社会下层悄然而生。到了汉朝，隶书取代了小篆，上升为主要通行字体。隶书的出现是中国文字史上一次重大的变革，它使汉字告别了已经使用3000多年的古文字，彻底摆脱了古文字那种象形的特点，所以汉人称隶书为“今文”。

▲ 汉简隶书

到汉朝末期，隶书向正书、行书、草书3个不同的方向演变，形成了中国书法最主要的3种书体，这就是文字史也就是书法史上著名的“隶变”。在世界上多种文字产生形成的同时，只有汉字成了文字里独步天下的艺术表现对象，这其中汉字的结构多变性起到了至关重要的作用。

北京大学书法艺术研究所所长金开诚认为，汉字是方块字，方块字就有一定的面积，这个面积虽小，但足以做文章了；另外汉字的笔画形状比较多变，大致说来有8种形状，所谓“永字八法”就是一个“永”字把8种笔画形状都包含了。汉字的结构也是多变的，它有左右结构、上下结构、单体结构，其中左右结构还有对称性与不对称性之分，上下结构又有两层式、三层式之分。在一小块面积里，多变的笔画又经过多变的结合，它的形象自然而然就多变了。

如果说汉字自身的逐渐演变为中国书法展开了广阔的发展空间，那么书法工具的逐步完善无疑又起到了推波助澜的作用。

但是仅仅有了文字，仅仅有了笔墨就称得上是书法吗？中国书法能够延续千年之久至今还在散发着无穷的艺术魅力，支撑它的艺术价值最为根本的

东西又是什么呢？清朝的刘熙载在《艺概·书概》中这样写道：“书，如也。如其学、如其才、如其志。总之曰如其人而已。”一管柔毫、一张宣纸，就可以把人的精神性情清晰而又千差万别地体现在笔下的点线之中。以最简单的工具，直接地把握物我之真，万象之美。“天地万物之变动，可喜可愕，一寓于书”。原来，书法艺术和书写者的人格性情就是这样紧镶密嵌地成为浑然的一体——艺术成为人的具体意义和生动展示，人格性情成为艺术的最终目的和内在灵魂。这或许就是我们所要寻找的答案。

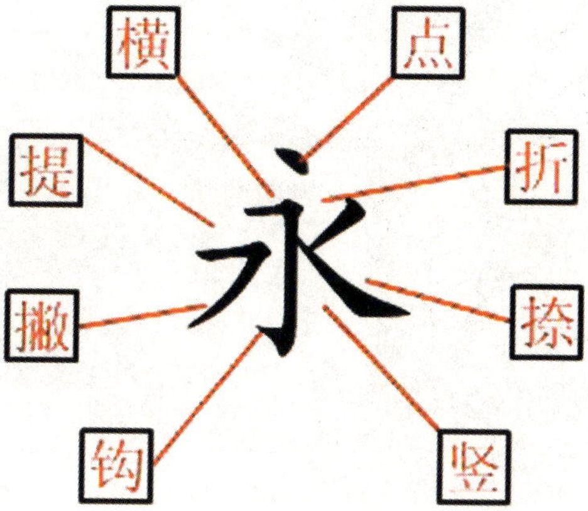

▲ 永字八法

三、“作字先作人”，只要胸中正气浩然，小小羊毫也可“气吞强虏”

带着这样的思索，让我们重新回到浩瀚的书法历史中去求证、去发现那沉寂千年的墨迹纸张背后灵动着的一幅幅鲜活的生命形象吧！

东晋有一个风俗，在每年阴历的三月初三，人们都要到郊外的水边踏青郊游，以消灾避祸。永和九年的三月三日，王羲之约了一些文人朋友共41位到兰亭溪边饮酒游戏，即兴赋诗。大家把这些诗作汇集起来，公推王羲之为诗集作一篇序文。《兰亭序》就是王羲之为这个诗集写的序文手稿。《兰亭序》叙写了兰亭雅集的盛况，抒发人生的种种感慨，文笔隽爽流畅，洒脱无拘。而王羲之的书作将晋人的精神风貌和气质神韵抒发得淋漓尽致。恐怕连王羲之也没有料到，他即兴写下的这篇《兰亭序》竟然以“天下第一行书”的称号流芳千古。

北京大学中文系教授王岳川认为，中国书法的觉醒时期应该是魏晋时期，

▲ 兰亭鹅池碑

它的标志性人物是王羲之，其关键性的词语是“书法我手写我心”，这是首要的一个方面。第二就是书风的独创性，在此前文字多有规范，但是王羲之之后，每个人的书法就是一张面孔，后世学王羲之的何止千万，但是每个人都不一样，所以中国书法的觉醒就是中国人的觉醒、中国个体的觉醒、中国独创性的崛起。

王羲之所代表的魏晋书法以洒脱飘逸的风采得到了人们的喜爱，而唐朝书法则以另外一种完全不同的面貌征服了后世。

草书是最为简便快捷的一种书体，它只保留了汉字的梗概，书写起来潦草急就。草书到了唐朝的张旭手里，犹嫌草得不够，于是就创立了狂草。狂草最为肆意放纵，草到了极致。张旭的草书蓦地而来、飘然而去，令人眼花缭乱的飞腾作势，心手两忘地抒发心中的激昂慷慨，展示了他傲视一切的胸襟。诗圣杜甫写道：“张旭三杯草圣传，脱帽露顶王公前，下笔落纸如云烟。”三杯酒下肚，在王公大臣面前脱帽露顶，用这种不拘礼法的狂态来面对生活，用这种微醺的狂态来创作草书，自然会使人联想到大诗人李白“安能摧眉折腰事权贵，使我不得开心颜”的那种张扬个性。

谈到唐朝书法，还有一位对后世书法影响极为深远的书家，他叫颜真卿。颜真卿的家族是一门显儒，诗礼传家。颜真卿中年遭遇“安史之乱”，一家有30多人在战乱中殉国。安史之乱平定之后，颜真卿满怀悲伤地设酒祭奠死难的亲人。就是在这样的背景下，他写下了那篇震古烁今的《祭侄稿》。颜真卿用喷涌而出的激情，把原本一篇普普通通的祭奠文字写得奇崛雄健、浩气充塞，达到了超神入圣的境界，以至《祭侄稿》被后人誉为“天下第二行书”。

颜真卿忠义节烈，舍生取义，他的书法也一如忠臣烈士，庙堂之气十足。看到颜体楷书，自然使人联想到中国历史上像颜真卿这一类的忠臣良将。后人评价说颜体楷书正像“关羽坐帐，正气逼人”。国人的视觉联想竟是如此丰富，居然把方块字和人物的形象联系起来。颜真卿堂堂正正的楷书和关公那种威武不能屈的意象叠加起来，儒家学说的伦理道德就这样在一个个方块字上显现出来了。

▲ 颜真卿像

黄道周在狱中写下的诗卷字里行间都透露出书者当时的心境竟是如此的坦然从容，看不出丝毫的胆怯和慌乱，人们从诗卷墨迹中感受到的只是凛然气节和心灵震撼。临刑前，黄道周破指血书“纲常万古，节义千秋，天地知我，家人无忧”。

无论是官居宰辅还是长为布衣，无论是豪壮奇崛还是脂腻粉渍，只要是中国传统文人，手中都握着这幅笔墨，笔墨间流淌的不仅仅是百折千回、形态各异的中国文字，更体现了一种千百年来磨砺而成的文人性格以及生命状态。中国书法的走向一直受到传统文化和社会思潮的影响，而决定中国书法基本风貌的首先是儒家思想。“书以明道”，这个“道”就是儒家学说中的伦理规范。

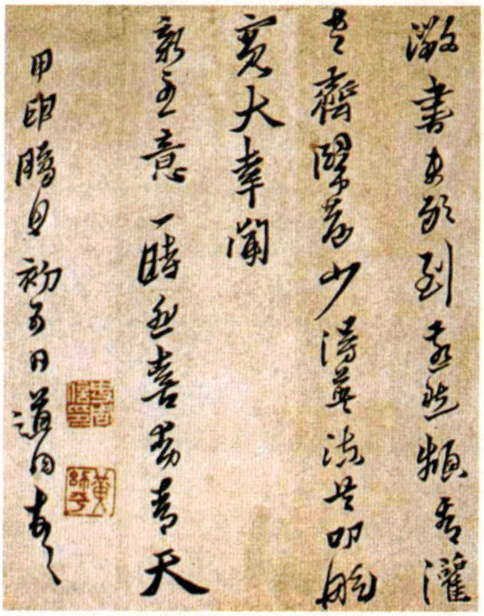

▲ 黄道周《舟次吴江诗册》

明朝著名思想家、书法家傅山作诗告诫他的子孙：“作字先作人，人奇字自古。纲常叛周孔，笔墨不可补。未习鲁公书，先观鲁公诂。平原气在中，毛颖足吞虏。”他提出了“作字先作人”的观点，即如果背离了周礼儒学，做人就是立不住脚的，这样的人写出字来也必然流露出一种“小人之态”，

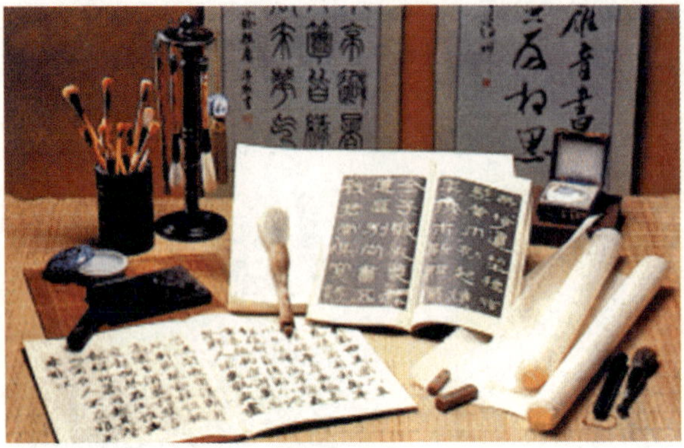

▲ 文房四宝

而这种低俗仅仅靠笔墨技巧是无法补救的。傅山告诉他的孩子们，在学习颜真卿书法之前，必须要先学习颜真卿的做人。只要胸中有颜真卿那样的浩然正气，一管小小的羊毫也足以“气吞强虏”。

书法艺术发展到了今天，它给我们留下的不仅仅是一幅幅令我们无限追思和景仰的笔墨宝卷，更重要的是留给了我们一笔沉淀千年的思想和精神财富。站在它的面前，我们应该感到无限的欣慰和幸福，因为每当我们停下匆忙的脚步，都可以随时去瞻仰、去体会那份古朴优雅和博大深邃。中国书法作为中国传统艺术已经经过漫长的积淀代代相传，浸透到了民族久远的血液之中。透过那变幻万千的点线形式，我们似乎看到了那种沉浸于笔底、洋溢于案头的生命存在。

现在，虽然作为实用性书写工具的毛笔已经退出了历史舞台，但是作为中国艺术瑰宝的书法却保留了下来，它那独具的神韵、百读不厌的气质，至今依然令人倾倒、令人陶醉。千年书法的历史不仅仅是这独一无二的艺术形态的流传史，伴随着文人们的笔墨纸砚流淌千年的毫无疑问应该是那千古不变的翰墨精神。

今人对刘墉并不陌生，一部电视剧《宰相刘罗锅》曾让并不为大众所熟知的他成了家喻户晓的戏说人物。其实，历史上的刘墉能够让自己青史留名的真实身份是大书家——他是清朝著名的书法家，清朝帖学的集大成者，被后人称为“浓墨宰相”。历史上真实的刘墉与电视剧中的戏说人物刘罗锅又有多少异同？

浓墨宰相

乾隆四十七年，对于64岁的刘墉来说，是春风得意的一年。这时候的刘墉虽然还在任湖南巡抚，但他已经接到了御旨，被任命为左都御史，也就是大清朝的都察院长官。他终于可以回到阔别多年的北京了。

一、为什么刘墉以一笔好字受到乾隆皇帝的赏识

▲ 刘墉像

从乾隆十七年刘墉考中进士到担任湖南巡抚，除了在乾隆四十一年，回京担任过一年内阁学士外，他就一直在地方上任职，从学政、知府进而攀升到了一省的方面大员。从山西、陕西再到江苏、湖南，20多年的时间过去，刘墉也已经是一位须发皆白的老人了。

但他又怎么能甘心长期被排除在京城之外，只是做一个方面大员呢？刘墉的这种不甘心是颇有些依据的，除了对权力的欲望外，还因为他有一个赫赫有名的父亲，他的父亲就是他仕途生涯里的坐标。

刘墉的父亲刘统勋既是内阁首辅同时又兼任军机处的首席大臣，正所谓“一人之下，万人之上”了，他的刚直不阿也备受乾隆皇帝信赖，乾隆曾赞叹“刘统勋不愧为真宰相”。乾隆三十八年，已经忙碌了一天的刘统勋奉旨入宫议事，没想到，这位操劳了近半个世纪的老臣却在轿中辞世了。乾隆皇帝非常悲痛，亲临其丧，并把对臣子的最高谥号“文正”赐给了刘统勋。

位于北京东城礼士胡同129号的四合院就是清乾隆时宰相刘统勋的府邸。刘墉自乾隆十六年入仕以后，就住在父亲府邸里面。多年以后，再一次回到这里，触景生情的刘墉，心中自然是百感交集。

1782年11月，回到京城不久的刘墉在升任吏部尚书后又被奉派在上书房，也就是皇子们读书之处的最高行政官员。

刘墉知道，入主上书房责任重大，因为这个职务最有利于和皇子们建立起特殊的师生关系，所以担任这一职务往往意味着能受到皇帝的宠信和抬爱。当然刘墉也知道，自己能够和皇上宠信的贵族大学士三宝、嵇璜共同掌管上书房，其中一个非常重要的因素还是他那一笔出神入化的好字。

刘墉的书法在当时就拥有很大的名气。清朝学者徐珂在《清稗类抄》中说：“诸城刘文清书法，论者譬之黄钟、大吕之音，清妙明堂之器，推为一代书家之冠。盖以其融会历代诸大家书法而成自一家，所谓金声玉振，集群贤之大成也。”

刘墉书法的风格和明朝以来帖学传统最大的不同之处，便是他不追求

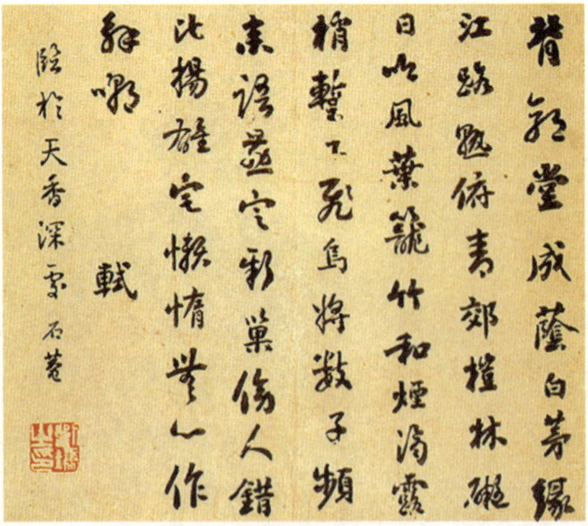

▲ 刘墉的书法有一种雍容的美感

一般学帖者习惯的流畅婉丽或纵肆跳宕，而是以丰腴浑厚的点画、率意松散的结字和浓重的墨色，成功地营造出一种雍容、静谧甚至还带有一些慵怠落拓之相的美感。

为什么写得一手好字的刘墉能受到皇帝的赏识呢？中国书法协会的学术委员会秘书长刘恒介绍说，清王朝作为一个少数民族来统治广大的中原地区，势必要与汉族的文人士大夫打交道，情感上的亲近和沟通是必不可少的，书法被中国传统的文人士大夫视为安身立命之本，而要想把自己融入汉族文化中去，书法是一个很好的媒介。所以清朝历代帝王对汉族的书法都非常推崇，从顺治皇帝到康熙、乾隆，都在书法上下过很大的工夫，他们的作品也都很见功力。

在王羲之完成《兰亭序》的绍兴兰亭，有一块无论是高度还是重量都堪称中国古碑之冠的御碑，碑的正面是康熙皇帝手书的《兰亭序》全文，背面是乾隆皇帝游兰亭时写的七律《兰亭即事》，因此，后人把这块碑称为“祖孙碑”。清朝268年的历史中最有作为的两代帝王，在中国书法的圣地，同时用翰墨在同一块石碑上表达了对汉文化的崇敬和亲近，书法对清帝王影响之大可见一斑。

▲ 祖孙碑正面：康熙手书《兰亭序》全文

▲ 祖孙碑背面：乾隆手书七律《兰亭即事》

二、史上刘墉与民间传说中的刘罗锅有多少异同

尽管刘墉博览群书，声名远播，又是名臣刘统勋的儿子，但他在科举考试的道路上却是一个迟到者，直到乾隆十六年，即1751年，刘墉才考中进士，那一年，他已经32岁了。关于刘墉在乾隆十六年的这次顺利入仕，民间一直流传着种种说法。

根据记载，乾隆十六年科考的状元并不是刘墉。既然刘墉的考卷被众人推为第一，那乾隆皇帝为什么没有让刘墉成为状元呢？据王培荀的《乡园忆旧路》中记载：“刘墉殿试卷以前十本进呈，已名列第一，高宗皇帝欲得寒畯之士，遂有意拔吴云岩鸿居榜首。”

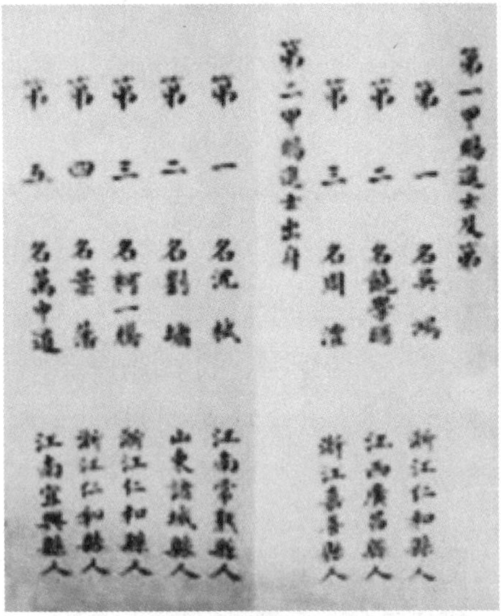

▲ 皇榜显示刘墉并不是状元，而是二甲第二名

另有传闻说，因刘墉驼背，其貌不扬，遭遇乾隆鄙视。乾隆为了取笑戏弄刘墉，让他以自身为题当场赋诗一首。刘墉忍辱负重，当即吟出：“背驼负乾坤，胸高满经纶。一眼辨忠奸，单腿跳龙门。丹心扶社稷，涂脑谢皇恩。以貌取才者，岂是贤德人。”

这只是一种传说而已。历史上的刘墉是否有驼背的残疾，史书上并无记载。问题是，民间传说中的刘罗锅是个机敏绝伦、敢于讽刺皇帝、鞭笞佞臣的化身。那么现实中的那个刘墉，在历经了20多年的宦海沉浮，终于回到了皇帝身边以后，他的作为是否和民间传说中的一致呢？

据《栖霞阁野乘》卷下《刘文清轶事》条中对刘墉的记载：“刘墉任外吏时，清勤刚正，一时有阎罗包老之称。黄霸入相，声名顿减。时和绅方炙手可热，刘墉惟以滑稽悦容其间。”也就是说，刘墉早年以清官的形象声闻天

下，而进入宫廷之后，却来了个180度的大转弯，变得圆滑事故起来。

1782年，刘墉回到京城时已经64岁了。此时，比他小30岁的和绅因为机敏年轻而备受皇帝的赏识，在政坛上迅速崛起。那么刘墉与和绅的关系是不是就像民间传说中的那么势不两立，水火不容呢？

在查阅了清朝的相关资料后，有关学者得出这样的结论：在与和绅同殿称臣的20多年里，刘墉并未利用左督御史所享有的稽查之特权，以及担任吏部尚书主持京察大计的有利条件对和绅及其朋党进行有效的监督和弹劾。在这一方面，刘墉的确不像他的父亲刘统勋那样有棱有角。

由此可见，民间传说中的那个刘罗锅是凭空杜撰出来的一个充满智慧、敢于伸张正义的化身，刘罗锅已经同他的原型刘墉分道扬镳了。虚构的形象活跃在舞台上，而真实的历史人物留给后人的则是充满矛盾与苦涩的回味。

三、刘墉为什么会从刚直不阿变为世故圆滑

刘墉早年曾以清官而声闻天下，但后来则圆滑世故起来。刘墉的这种处世方式在官场并非个别，这是由于清朝统治者并不希望他的臣属追求好的名声。乾隆帝曾说："朕以为本朝纲纪整肃，无名臣，亦无奸臣。"这种说法也从理论上断绝了士大夫"名垂青史"的人生理想。出身清官、名相之后的刘墉，在这种政治环境中，也不得不收起自己的求名之心。这也许是刘墉个性转变的一个重要原因，也是他能够长期受到乾隆宠爱的奥妙。

乾隆二十年，远在西北边陲的刘统勋因一纸疏奏而遭灾祸，刘墉及其家人均被株连，在入狱1个多月后，获释出狱的刘墉即在自己的日记中提醒自己：今后为官为事要切记"敏于行，讷于言"的圣训，三思而后行。那一年，刘墉36岁。也许，正是从这个时候开始，刘墉的为官之道发生了变化。

刘墉的一生除了为数不多的诗词外，几乎没有留下任何其他文学作品，这可能就与他慎守"讷于言"有很大关系。

刘墉的这种性格，在他的书法中也有所流露。《清稗类抄》的作者徐珂就

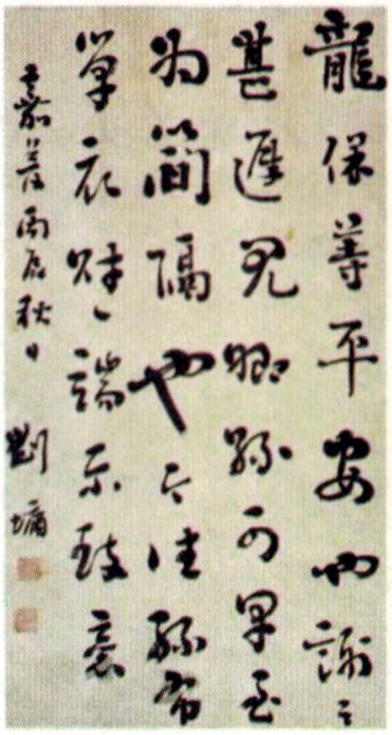

▲ 刘墉行书条幅

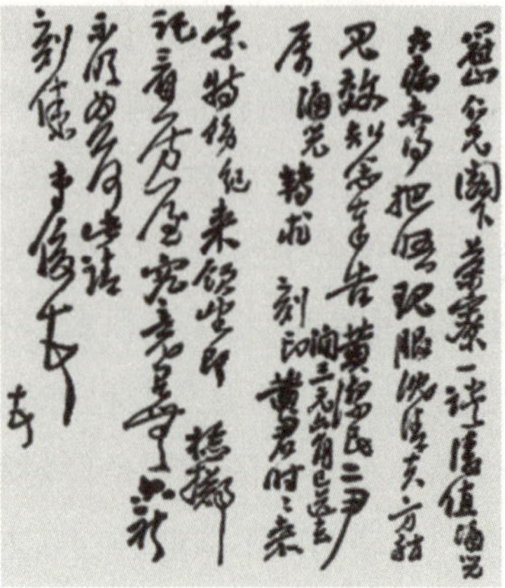

▲ 刘墉行书

评价他的字是“殆如浑然太极，包罗万有，人莫测其高深耳。”

连写字都不露棱角的刘墉，把自己包裹得严严实实，他的书法乍一看笨拙软弱，全无法度。但若细细品味，则点画转折全由古人法度而来，而且举重若轻，转化巧妙而不留痕迹。丰富肥厚中藏遒媚之趣，平淡舒缓外露雍容志向，似乎在简练的外表下隐藏着深不可测的丰富内涵。

山东书法家协会主席张业法介绍说，嘉庆年间的鉴赏家包世臣与刘墉是多年的老朋友，包世臣的著作《艺舟双楫》中曾记载，刘墉每每对客挥毫作书时，所用的执笔法是大拇指与食指成圆圈状，即所谓“龙睛之法”，以向人显示自己纯运腕力，而当他自己闭门作书的时候，则又是另一番情景：“笔如舞滚龙，左右盘旋，管随指转，转之甚者，管会掉到地上”，看来只有自己一个人的时候，才能随心所欲。这也许是刘墉在官场之中身不由己，太过于劳心，也只有在醉意中挥毫起笔，才能感受出人生乐趣。

四、诘问书家翁方纲：哪一笔是你自己的

山东大学文学院教授徐超介绍说，刘墉有一个学生，其岳父是当时和刘墉齐名的大书法家翁方纲，翁方纲一贯强调书法“笔笔有来历”。有一次，学

生问岳父翁方纲对刘墉的书法怎么看，翁方纲不以为然，说你去问问你的老师，他的书法哪一笔是从古人来的，这个学生果然去问了刘墉，刘墉想了一会儿说，你也回去问问你的岳父，他的书法哪一笔是他自己的？

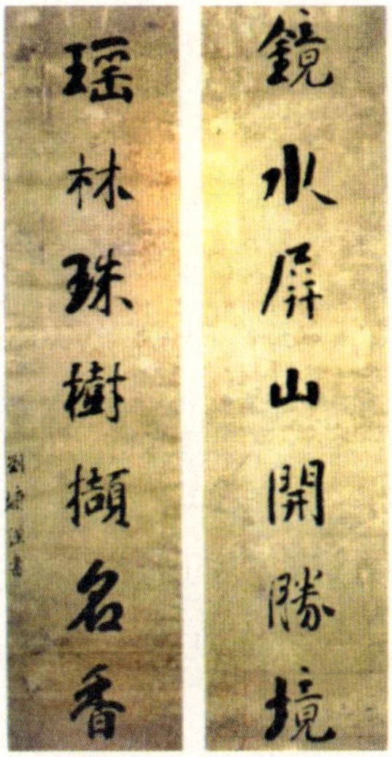

▲ 刘墉《镜水瑶林七言联》

古人评价刘墉的书法，50岁时“书精湛圆，美中有璞”，70岁以后造诣达到了高峰。相传刘墉的家乡山东诸城名儒臧启谟“书体瘦金，苍劲有力”，他对刘墉的书法一向不以为然，并认为其“肥而无神，柔而无力”。两人争执不下，于是便各选得意之书呈送乾隆皇帝品评。乾隆皇帝历来就很赞赏刘墉的字，当他看到臧启谟的书作之后，用带有嘲讽的口吻说臧启谟的书法是“竖如枯枝，横似干蛇，浑然一体，枯枝挂干蛇”。这个故事一时间被传为笑柄，气得臧启谟从此便再也不写字了。

明末清初，一种方正、光洁、乌黑、大小一律的官场书体大行其道，以至于到了后来，学子们如果写不出一手漂亮的馆阁体在科举考试中成绩都会受到影响。而刘墉以自己的艺术实践和胆魄，首先突破了“馆阁体”的束缚，创作出了新的书法面貌。

到刘墉70岁以后，又开始潜心于碑派书法的学习。碑派书法，是指重视汉魏、南北朝的碑版石刻的审美主张以及主要以碑刻为取法对象的创作风气。

这时候的刘墉，已经被誉为帖派书法的集大成者，他为什么又会改变方向，重新去学习北朝碑版中的书法呢？

也许他是想超越自己，也许他已经感到了帖学的局限，也许是学习碑派书法的风气已经开始在整个社会蔓延，他预感到了碑派书法以其强劲的生命力将会代替帖派书法，他不甘心被时代所抛弃？无论怎么说，刘墉此时已经是年迈力衰，这对于他而言，不得不说是一个遗憾，他已经没有时间和精力把自己再推上一个新的高峰了。

晚年的刘墉崇尚佛教，对儒教、道教也都有很深的研究。他晚年的字融合佛道，生平洒脱之心性浸透字里行间。因此朝野内外渴求刘墉墨迹之人多如牛毛。可是刘墉却极少以字酬人，甚至当朝同僚也很难得到刘墉的真迹。

刘墉几乎一生都在暗流汹涌的官场左右逢源，谨慎务实，历史上真实的他既不像电视剧所描写的那样刚直不阿，毕生和贪官污吏水火不容，也不像他的父亲刘统勋铮铮铁骨。作为一个官僚，刘墉既无大功，也无大过，他以圆滑事故的处世哲学平安地保住了他的身家性命和荣华富贵。但是作为一个气贯古今的大书法家，刘墉却实实在在地给后人留下了一份宝贵的精神财富。

嘉庆九年，也就是1804年12月25日，刘墉以86岁高龄在京城辞世。

1600年前的东晋，兰渚山下兰亭曲水流觞，被美景和美酒深深陶醉的王羲之一挥而就了《兰亭序》，也成就了自己一代书圣的圣名。

至尊书圣

多年以后，《兰亭序》被唐太宗李世民带进昭陵做了陪葬，今天我们只能从各种临本中间接地领略“天下第一行书”的无穷魅力，《兰亭序》从此不见天日，让无数中国文人魂牵梦萦，也使这位至尊书圣有了神秘的色彩。

一、李世民临终前警示儿子，若不把《兰亭序》给自己做陪葬，即是不孝

贞观二十二年，即672年，唐太宗病危，临终时他召见了太子李治。太宗说：“吾欲从汝求一物，汝诚孝也，岂能违吾心愿。”“吾所欲得《兰亭》，汝意如何？”唐太宗平生笃爱王羲之书法，不惜以重金求购，他招修《晋书》，亲自撰写赞词《王羲之传论》，把《兰亭序》放到至尊的位置，影响朝野上下争相学王，一时蔚为风气。

作为儿子的李治听到父亲这样的请求，心情一定是复杂的，因为据史书记载，高宗李治也非常喜爱收藏书画佳作，而王羲之的《兰亭序》恰恰是天下最值得收藏的稀世珍宝，而太宗皇帝用“诚孝”来警示李治，如果不把

▲ 唐太宗像

▲ 唐太宗李世民带着他一生钟爱的《兰亭序》真迹长眠于昭陵

《兰亭序》作为陪葬，即是不孝。唐太宗的这句话的确是非常有分量的，因为在中国封建社会中，“百善孝为先”，唐太宗在临终时说出这样一番话来，可见《兰亭序》在他心目中的地位。

望着父亲期盼的眼神，李治把《兰亭序》装入玉匣之中，亲自放在了太宗皇帝的面前，这可以说是一个儿子对父亲的承诺，也可以说是一个书法爱好者对另一个书法爱好者的理解。

《兰亭序》就这样作为陪葬品埋入唐太宗的昭陵，“天下第一行书”从此长眠于地下。

王羲之，字逸少，居浙江省绍兴市，因曾官居右军将军，后人又称他为“王右军”。由于出身官宦世家，王羲之从小就受到深厚的书学熏陶，稍大些后，便跟随卫夫人学习书法。卫夫人，名卫铄，是当时著名的女书法家。少年时代的王羲之并没有显现出过人的才华，《晋书》记载“羲之幼讷于言，人未称奇”。成年以后，王羲之开始离家远游，遍访北方名山大川，瞻仰临摹名家名碑。多年以后，他曾这样描述这一段经历：“予少学卫夫人书，将谓大能。及渡江北游名山，始知学卫夫人书，徒费年月耳。遂改本师，仍于众碑学习焉。”这是一种自责，更是对自己的一种否定。

1600 多年前的某一天，当王羲之乘坐的小船离开江南向北进发的时候，他也许清楚自己的书法之路将会发生重大转变，但他未必意识到正是由于这种转变，竟然深刻地影响了在他身后延续千年的中国书法发展方向。

二、《兰亭序》共书 324 个字，字字鲜活

王羲之不喜欢做官，《晋书》记载"羲之既少有美誉，朝廷公卿皆爱其才器，频招为侍中、吏部尚书，皆不就"。世俗社会对一个人的价值衡量体系在内心世界孤傲的王羲之面前坍塌了，这也就是为什么魏晋时期王羲之等名士的作为，被后人归纳为"魏晋风度"或"魏晋风骨"，成为后世文人追求的一种人生风范。

后来扬州刺史殷浩多次劝王羲之为官效国，王羲之被感动，担任了右军将军。但他不知道自己只是被当作一块招牌摆在了那里，由于不甘心被搁闲职，王羲之多次请求去当时的军事重镇宣城，但殷浩没有答应。王羲之生性敏锐而高傲，这段为官的经历，不得不让他重新思考自我存在的价值和生命的意义。那么，他思考的结果又是什么呢？后人无从知晓，但也许在一个叫作兰亭的地方我们能够找出一些答案。

从绍兴城向西南的兰渚山下，有一座幽雅别致的古典园林，相传春秋战国时期，越王勾践曾在这里种植兰花，所以人们就把这里称作"兰亭"。东晋永和九年 3 月 3 日，也就是 1600 多年前那个温暖的春天，王羲之和友人谢安、孙绰等 41 人，在这里流觞饮酒，赏谈赋诗。

▲ 曲水流觞地

这一天，天晴气朗，放眼望去，"崇山峻岭，茂林修竹，又有清流激湍，映带左右"，大

▲ 兰亭聚会的盛况

▲ 王羲之

自然是那样生生不息。他们围坐在曲水之畔，将酒杯置于水中，任其随水漂流，酒杯到谁的面前，谁便饮酒赋诗，不然罚酒 3 杯。身在无拘无束的自然怀抱之中，心情最是舒畅之极。王羲之说“信可乐也”，足可以表达出诗人当时快慰的神情！

在兰亭聚会的那天，据说王羲之喝了很多酒，喝醉了。《兰亭序》共书 324 个字，每一字都被王羲之创造出了一个生命的形象。特别是 20 多个“之”字，更是无一雷同，各具独特的风韵。唐太宗赞叹它“点曳之工，裁成之妙”。宋朝书法四家之一的黄庭坚说：“《兰亭序》草，王右军平生得意书也，反复观之，略无一字一笔，不可人意”。明《永乐大典》的主编解缙说：“右军之叙兰亭，字既尽美，尤善布置，所谓增一分太长，亏一分太短”。明朝书画大家董其昌写道：“右军《兰亭序》，章法为古今第一，其字皆映带而生，或小或大，随手所如，皆入法则，所以为神品也”。

《兰亭序》既是一篇经典的美文、散文，历代传承，也是一篇优秀的书法，其中涵盖了丰富的哲理以及道家的思想等。

三、谁的临本更接近于王羲之《兰亭序》真迹

唐太宗李世民对《兰亭序》真迹爱不释手，于是诏命书法大家临摹《兰亭序》。我们很难推测李世民出于一种什么样的心理动机，也许他是想通过对《兰亭序》的临摹来检验一下那些书法爱臣与王羲之的差异高低，也许他已经想到要将《兰亭序》带入自己的坟墓，故而复制，以求流传。

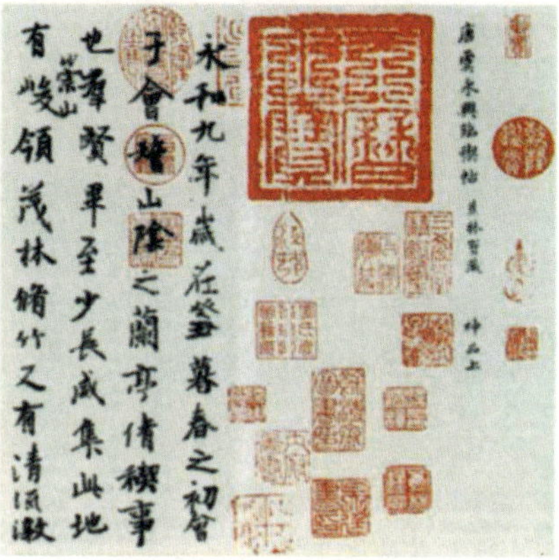

▲ 虞世南临《兰亭序》

虞世南、褚遂良、欧阳询都是唐朝的书法大家，现在传世的王羲之《兰亭序》的唐朝临本，就是出自他们之手。

在有关《兰亭序》的各种临摹本中，唐人冯承素的摹本据说是最接近王羲之《兰亭序》原貌的，人们之所以这样认为，大概有以下几个原因：首先冯承素是宫内专门从事摹写名家书法的人，和其他几位书法有着自己鲜明书风的大家相比，人们相信他会更加拘泥于原作；其次他的方法是先勾轮廓再填墨，所以人们认为不会失真。冯承素的《兰亭序》因卷首有唐中宗神龙年号小印，被称为“神龙兰亭”。

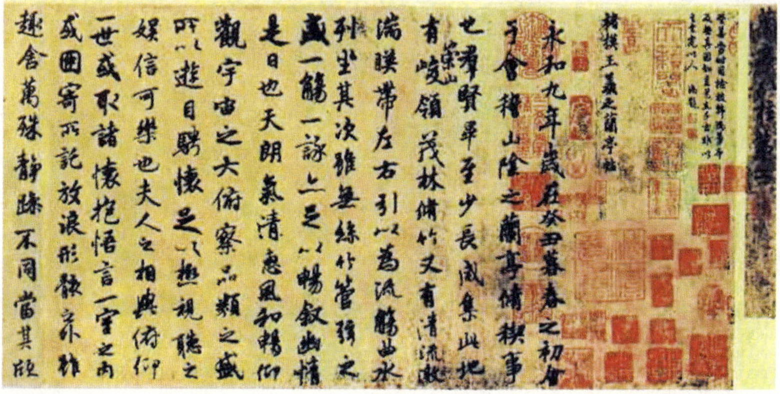

▲ 褚遂良临《兰亭序》

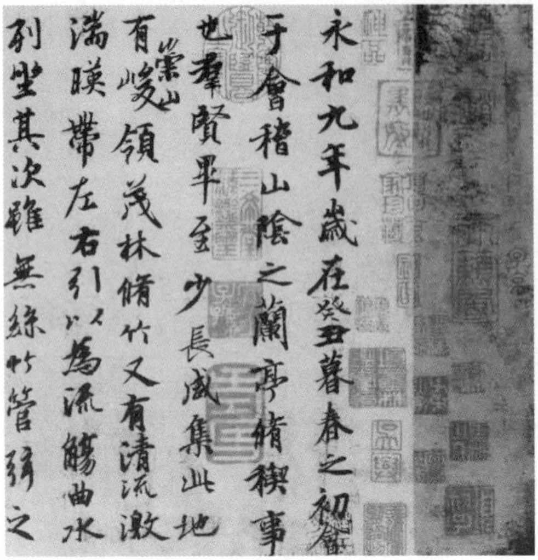

▲ 被认为是最接近王羲之《兰亭序》真迹的《神龙兰亭》本，为唐人冯承素所临

王羲之在世时，其书法作品就“声华四宇，价倾五都”，由于上至皇帝、下到百姓都以王羲之的书法为珍贵，以至于就有人专门摹仿他的书法赚钱，可见他的影响之大了。到了宋朝，在民间就几乎看不到王羲之的真迹了。米芾曾有诗说“媪来鹅去已千年，莫怪痴儿收蜡纸”。可见当时已经有人出于对王字的喜好，甚至把他摹用的蜡纸当作宝物来收藏。

除了临摹本以外，能够还原王字风貌的，就是一些唐朝集王字的碑刻，其中最有名的就是位于西安碑林的唐朝和尚怀仁所集的王字《大唐三藏圣教序碑》。

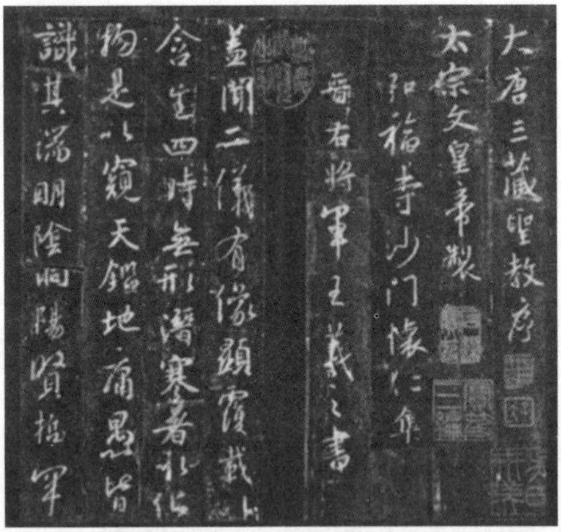

▲ 大唐三藏圣教序碑

李世民曾亲自撰文的《大唐三藏圣教序》，记述了玄奘和尚西天取经的盛事。皇帝的文章当然应该流传千古，按照当时的办法只能是刻在石头上，可是又有谁的字能与天子的文章相匹配呢？只能是书圣，可是其时书圣王羲之已作古250多年了，于是长安诸寺院委托弘福寺的怀仁和尚来办这件事。

怀仁和尚从内府借得王羲之书迹，从中逐字寻找，然后描摹下来，以求丝毫不差。据说怀仁在集字过程中，有几个字怎么也找不到，不得已奏请朝廷昭示天下，谁能献出碑文中急需的一个字，赏一千金，这就是成语“一字千金”的典故。书家写字要求一气贯之，字与字之间都有安排照顾，集字则不然，需要在若干个同样的字里选择出最适合的字出来，排列组合，这个过程，需要花费的心血可想而知。怀仁是一个“能文工书”的和尚，他呕心沥血，历时整整24年，终于完成了这项使千百年来学书王羲之的人无不受益的浩大工程。《大唐三藏圣教序碑》至今仍然是学习王羲之行书最好的范本字帖。

四、为何王羲之是一座在书家们心中永远不可逾越的高峰

中国的古人有个习惯，在任何一个领域都尊一个圣人，将王羲之推上书圣地位的关键人物是唐太宗，而唐太宗对其的推崇不仅仅是出于一个书法爱好者对书法家的偏爱，还有着更深刻的政治原因。唐太宗当政时值魏晋南北朝战乱之后唐帝国统一中国，由乱及治，不仅需要政治治理还需要民心的治理，要把当时非常个性化的自由心灵纳入一个秩序，就必须提倡并推广一种风格，王羲之就这样被推到了书法艺术的顶峰。

王羲之被尊为书圣，说明他集古今之大成。东晋是中国书法史上最为辉煌的一个时期。晋人的书法一直被后人叹为观止，晋人书法所表现出的那种姿韵潇洒、超然于尘表之外的雅逸之风，一直是后代书法家极力追求的理想境界，后人把这个阶段书法所体现出来的总体风貌总结为晋人尚韵。而王羲之的书法从容自得、真率烂漫，其风流神韵不沾一丝尘埃气，散发着晋朝的时代趣味，展示了当时士人向外发现了自然，向内发现了自我的自信和超逸，成为引领这一书风的代表。王羲之还对东晋以前中国书法的个体演变的历史做了一个总收束，开创了一个新体：行草书。中国人在任何领域都喜欢讲正统，王羲之实际就是正统中的典范、楷模、圣者，就是尽善尽美。在唐修写二十四史之一的《晋书》时，李世民亲自为《晋书·王羲之传》撰写了一段御评，这就是《王羲之传论》，在传论中唐太宗写道：“心慕手追，此人而已，其余区区之类，何足论哉！”

▲《万岁通天帖》

武则天，这位被人熟知的中国历史上唯一的女皇帝也是一位书法家。她曾刻意习练王羲之、王献之父子的书法，王羲之的九世重孙王方庆将家藏先祖28人书迹捐献入宫，武则天下令弘文馆分10卷摹勒拓印，由于当时的年号是万岁通天，因此这部聚集了王氏一门几十位书家作品的摹本，被称为《万岁通天帖》。

也许很多人都想知道的是，在王羲之被确立书圣的地位之后，中国人用毛笔作为书写工具的历史又存在了1000多年，如此漫长的历史时期，站立过那么多的生命个体，数也数不清的人手执笔墨勤学苦练，为什么就没有人能够超越他？以至于直到现在，王羲之还是一座在书家心中永远不可逾越的高峰，

▲ 武则天无字碑，有人说这是武则天认为自己的丰功伟绩无法用文字表达，也有人说研习了“二王”的武则天是出于对文字的敬畏而不敢在碑上落笔

令后人高山仰止？北京大学中文系教授王岳川认为，王羲之之所以不可超越在于两点：一是魏晋时期文人“个性重于一切、精神重于一切”的觉醒，他们认为只有“我心写我手，我手写我字”才可能形成自己的东西；二是魏晋时期战火不断、民不聊生，王羲之53岁辞官，认为只有一辈子把自己的生命献给书法才可以完成自己的宿命，所以他把自己的全部精神投注在书法上，而不是把书法作为一个请官邀宠的平台。所以王羲之之所以不可超越，不在于他的技法和笔法，而在于后世书家很难达到像王羲之这样纯粹做人和纯粹作为书法家的品德。

人们常说纸寿千年，纸能历经千年而不损，我们祈望如此。

假如有一天，昭陵巨大的墓门被打开，那幅1600多年前由王羲之亲笔所书的《兰亭序》重见天日，那该是怎样的一番情景呢？

打开一部部中国书法史书和一卷卷前贤法帖珍品，人们从字里行间经常会感受到一些特殊人物的影子，这些人物的力量和影响，是其他任何人所不能比拟的。我们对历代引领时代书风的扛鼎书家进行一番梳理之后，发现了一个有趣的现象：最杰出的书法家几乎集中在朝廷周围，而他们的背后则无一不站立着作为书家的历代帝王。

紫气东来

在北京的紫禁城内，皇帝起居的地方叫内廷。养心殿就位于内廷的深院高墙里面。养心殿的西暖阁面积不大，却有着很大的名气。似乎是为了昭示

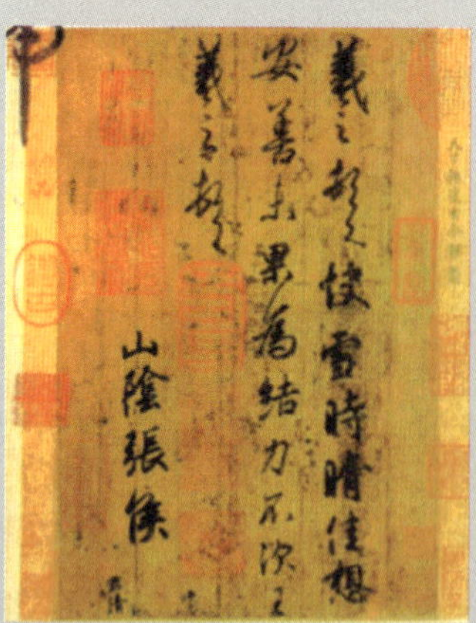

▲《快雪时晴帖》

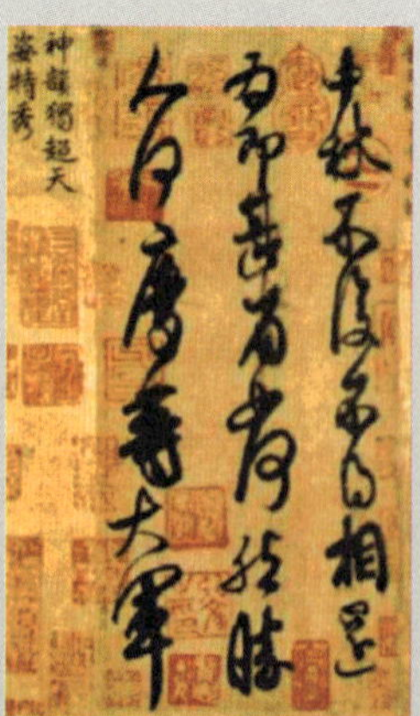

▲《中秋帖》

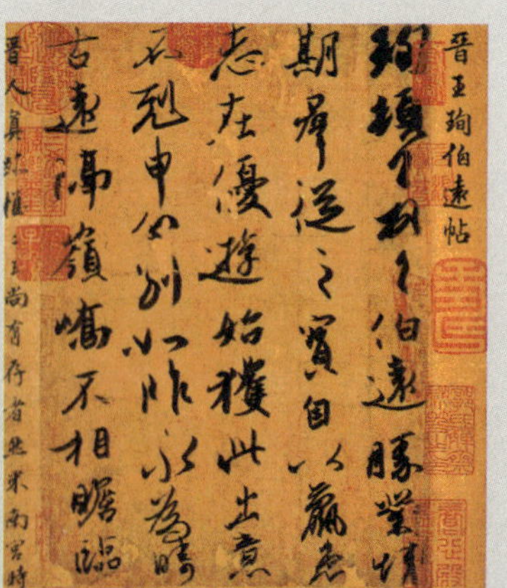

▲《伯远帖》

它的与众不同，乾隆皇帝御笔亲书的匾额“三希堂”高悬在门楣之上。在这里，珍藏着东晋大书法家王羲之的《快雪时晴帖》、王献之的《中秋帖》和王珣的《伯远帖》。

一、乾隆与王羲之、三希堂

王羲之、王献之、王珣都是生活在距离乾隆皇帝1400多年前的东晋。王羲之被后世誉为“书圣”，王献之和王珣则分别是王羲之的子侄。乾隆皇帝认为这三卷法帖是稀世珍宝，故而将存放这三卷法帖的西暖阁命名为“三希堂”。

▲ 三希堂

按理说，清宫中珍藏的历代名家书法作品非常之多，可是令人费解的是乾隆并没有将被誉为“天下第一行书”的《兰亭序》划归“三希”之内，却偏偏选择了无论篇幅、字数和名气都远远不及前者的《快雪时晴帖》。

如果说，《兰亭序》是因为后人临摹而不能进入“三希堂”，那么，唐朝颜真卿所书《祭侄稿》、北宋苏东坡所书《寒食帖》这两本法帖确是被后人公认的真迹，这两篇被奉为“天下第二行书”和“天下第三行书”的珍品，为什么也没有被乾隆皇帝请进“三希堂”呢？

根据乾隆皇帝在位时的社会书风和他本人的书法特点，我们可以推测，在乾隆的心目中，代表书法最高境界的仍然是王羲之。我们从乾隆留下的墨迹中也可以看出，他本人走的也是一条学习王羲之的道路。颜真卿、苏东坡追求变法的书风或许并不被乾隆认可为书源正统。再者毕竟东晋的王羲之要比唐、宋的颜真卿、苏东坡早几百年，自然更显得珍贵。

闲暇之余，乾隆总喜欢到“三希堂”翻阅欣赏珍藏在这里的书法和绘画，这成为他独特的休息方式。来自意大利的宫廷画家郎世宁就曾经传神地描绘了乾隆皇帝在“三希堂”赏玩珍藏时闲逸恬淡的情形。

二、李世民与《兰亭序》和虞世南、褚遂良

喜爱书法的帝王可以倡导一代书风，就连王羲之书圣地位的确立和历代帝王的推崇也有着密切的关系。

将王羲之推上书圣地位的关键人物是唐太宗李世民，他亲自为王羲之撰写了一段御评，这就是《王羲之传论》。认为王羲之的书法成就超越了所有人，对王羲之传世的书法作品，唐太宗不仅心摹手追，在全国广泛征集，还命褚遂良、虞世南、冯承素等人临摹了多本的《兰亭序》，分赐给王公大臣。正因为有了唐太宗的这个举措，我们今天才能见到褚遂良、虞世南所临写的《兰亭序》，以及冯承素的双钩摹本《兰亭序》，这些墨迹最接近于《兰亭序》的真迹，被后人认为是仅次于王羲之亲笔所书，所谓下真迹一等。

唐太宗李世民确立了王羲之的书圣地位，使得1000多年来中国书法有了以王羲之父子作为衡量尺度的美学标准。从唐朝之后，王羲之受到了历代的推崇与宗法。“书不入晋，固非上流；法不宗王，讵称逸品”。

▲ 虞世南像

虞世南长期在李世民身边为臣，君臣之间经常在一起讨论书法。虞世南相貌儒雅、身体瘦弱，然而他的书法却是“裾带飘扬而束身矩步，有冠剑不可犯之色。”李世民对虞世南的评价极高，称赞他有五绝：“一曰德行，二曰忠直，三曰博学，四曰文词，五曰书翰。”虞世南去世后，李世民怅然若失，叹息没有可以与他一起讨论书法的人了。为了表示厚爱，他钦定

将虞世南陪葬于为自己选定的陵寝——昭陵之内。由于酷爱书法而做出如此举动的帝王，李世民堪称千古一人。

大书家褚遂良也深得唐太宗李世民的信任和器重。李世民病重时召见褚遂良，他说：“汉武帝寄霍光，刘备讬诸葛亮，朕今委卿矣。太子仁孝，其尽诚辅之。”李世民借用了历史上汉武帝向霍光、刘备向诸葛亮托孤的典故，向褚遂良托孤，请他尽心竭力辅佐太子。李世民又对太子说：“遂良在，尔毋忧”。

开明皇帝李世民对虞世南、褚遂良的情意感人至深，可是他对王羲之的推崇就不仅仅是帝王对于书法作品居高临下的喜爱了。正是由于他的推崇，奠定了中国书法千年不变的审美标准。

因为喜欢王羲之的书法，李世民调动了各方面的力量在全国范围内搜寻，其中唯独不见《兰亭序》。唐太宗下令，无论如何要找到《兰亭序》真迹。南唐画家巨然所画的《萧翼赚兰亭图》表现的就是这一历史故事。为了执行李世民的命令，御史萧翼单人匹马，奔波于崇山峻岭之间，最终是他将《兰亭序》从一个和尚手中骗到手，献给了唐太宗。从此，《兰亭序》找到了它最后的归宿。

三、赵佶的瘦金体与《清明上河图》

975年，立朝39年的南唐便被北宋灭了，后主李煜因被宋兵攻破金陵而被迫投降，后来被毒死，仅仅活了41岁。李煜做皇帝昏庸无能，但他在艺术方面却有着独特的才华，是一个非常全面的艺术家。他擅长诗文、精通音乐、能书善画。他的诗词写得非常好，语言生动，形象鲜明。“无言独上

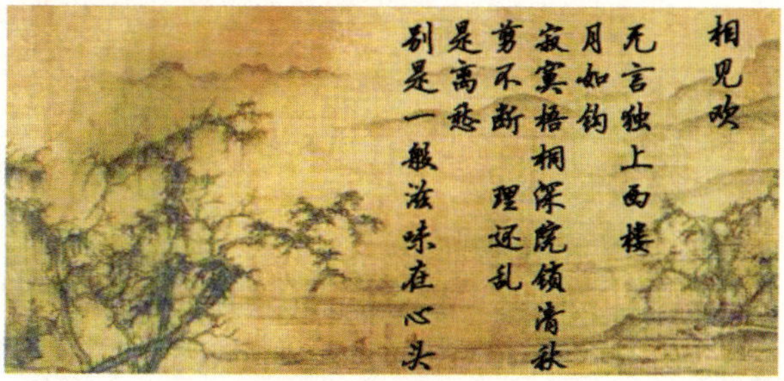

▲ 南唐后主李煜词录《相见欢》

▲《秋山问道图》

西楼，月如钩。寂寞梧桐深院，锁清秋。剪不断，理还乱，是离愁。别是一番滋味在心头。”“问君能有几多愁，恰似一江春水向东流”李煜在诗词书画方面投入了很大的兴趣，他创办了历史上最早的画院，把当时的著名书画家聚拢在一起，大家谈诗论画，挥毫泼墨。李煜认为要创造好的书法、绘画作品，必须要有高品质的笔、墨、纸、砚。

南唐画家巨然的《秋山问道图》，使用“李墨”（李廷珪造墨）即点染出树叶和小草，虽历经千年，依然墨色明亮，层次分明，富有质感。北宋大书法家苏轼就非常喜欢用“李墨”作书，被称为“天下第三行书”的《寒食帖》至今墨色依然如新。

自古以来，名家作坊对于墨的制造方法是密不示人的，因此高质量的墨产量极少，真正李廷珪造墨产量就更加有限，能流传下来更是绝无仅有。于是，乾隆皇帝命人整理了李墨的生产工艺，绘成《墨法集要图》，再现了李墨的工艺流程，他还指使太监在宫中仿制李墨。

中国的书法逐步从甲骨、竹简、绢帛、麻纸上走了下来，随着宣纸生产技术的不断提高，书法的笔墨变化更加出神入化，相得益彰。北宋大书法家蔡襄就是使用了由李煜命名的“澄心堂”所生产的宣纸后，写下了被称为“澄心堂帖”的短信，信中称赞了宣纸的质量，进而表达了获得这种宣纸的愿望。

宋徽宗赵佶的荒淫无道是世人皆知的，然而在中国2000多年封建历史上历任的346位皇帝中他却是最富艺术气质、最才华横溢的。

赵佶可以称得上是一个“不爱江山爱丹青”的皇帝。在位期间他主持编

▲ 赵佶像

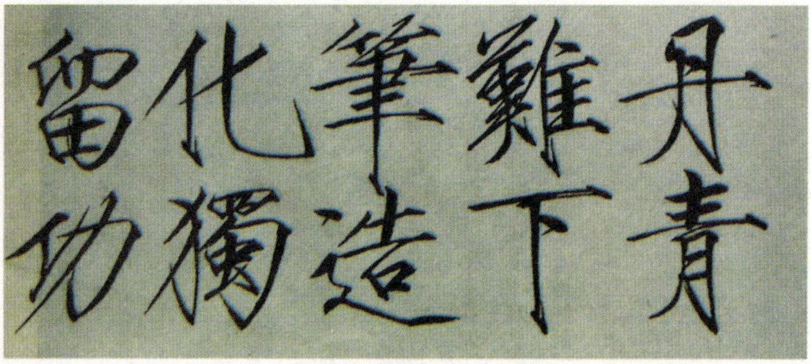

▲ 赵佶“瘦金体”书法

纂了《宣和书谱》和《宣和画谱》。仅《宣和画谱》就有20卷，包括231位画家的6396件作品。他的书法别具一格，笔画瘦劲锋利、屈铁断金，因此被后人称为“瘦金体”，瘦金体的用笔特点是“横画收笔带钩，竖画收笔带点，撇如匕首，捺如切刀，竖钩细长，个别连笔则如游丝飞空”，在中国书法的历史长河中以此面目示人的仅此一人。

宋朝翰林图画院画师们的平时画作，大多是由赵佶亲自命题，完成之后都由赵佶“御览”。如果对一幅作品满意的话，他会在画上题写诗文、签名画押。于是，后人把这些画称作“御制画”或“御题画”。徽宗利用至高无上的皇权推进了绘画的发展，使宋朝的绘画艺术有了空前的成就。

北宋张择端所作的《清明上河图》完成后，首先将它呈献给了宋徽宗，赵佶因此成为此画的第一位收藏者。赵佶酷爱此画，用他著名的“瘦金体”书法亲笔在图上题写了“清明上河图”五个字，并钤上了他专用的双龙小印。

四、康、雍、乾三皇与“馆阁体”、扬州八怪

帝王的喜爱，固然会提高书法地位，弘扬学习书法的风尚。但是有时帝王对于某一派书法的过于痴迷，对于书法的发展却未必是一件幸事。清朝中

▲“扬州八怪”之黄慎

前期书法的发展，因为康、雍、乾三朝皇帝他们自己那一手标准规范“馆阁体”的导向作用，使得发自明末的“馆阁体”书法很自然就成为那一时期书法发展的主流。

到清朝后期，单一的“馆阁体”书风已经难以满足时人的审美要求，正所谓“物极必反”，一些有识之士对全国一体、千人一面的“馆阁体”一统天下的现状不满。执政的嘉庆、道光皇帝也不像他们的前辈那样一味僵化，无形之中网开一面，所以社会上有了“复古求新”的要求，希望开创新的书法风貌。当时以郑板桥为代表的“扬州八怪”，由于仕途坎坷，于是在他们的心目中，那种为仕途而必备的“馆阁体”书法就像令他们屡试不中的科举制度一样，逆反心理驱使他们对“馆阁体”进行抵制和改造。之所以被人们称之为“怪”，就是因为在他们的书画中鲜明地表现出一种叛逆精神。

帝王的喜好势必影响到臣子，清朝的阅卷官员便把书法的好坏作为科举考试的一项重要标准，以此决定取舍。而好坏的标准也往往以皇帝的好恶为准绳。殿试是由皇帝主持的，能写一手让皇帝喜欢或感觉熟悉的字体，的确在阅卷时占有优势。状元首先必须是书法优秀者。顺治皇帝喜欢欧阳询，因此连续两届科考状元都是欧体的优秀书家。康熙皇帝喜欢王羲之父子的书法，于是就有三届状元书宗二王。

北京大学艺术学系教授徐寒认为，纵观这中国历史，封建帝王之施政，不外乎就两件事，文治与武功，成吉思汗只识弯弓射大雕。而文治的象征便是诗、文与书法。几乎所有的帝王都要沾上书法的边。对于帝王而言，书法当然不完全是一般意义的艺术活动。古人道：“言之无文则行之不远，要行之致远感人至深”。这就不仅要求文辞美，还要书法美，方能诵之赏心，观之悦目。因此，对于统治者来说，书法就更具有宣教和服务的作用。

如果对历代引领时代书风的书家进行一番梳理之后，不难发现一个共同的特点，那就是历朝历代最杰出的书法家几乎集中在朝廷周围，而他们的背后就站着最高统治者。我们可以清楚地看到，古代那些最负盛名的书法大家无一例外都是当朝著名的官吏、文人或者高僧。在漫长的历史长河中，各朝各代的书法家数不胜数。但是我们今天所能看到流传下来的作品创作者中几乎没有布衣白丁。能被称之为大书法家的都是身份显赫、地位崇高之人。

书法是历代帝王在登基之前的必修课，它甚至关系着一国之君的脸面和尊严。长期的笔墨研习，增长了帝王的书写能力和欣赏能力。即使是那些金戈铁马打下江山的少数民族统治者，为了统治地位的稳固，他们也必须学习接受汉族传统文化。

帝王们对于书法的兴趣或轻或重，表现形式千差万别。也许他们有的人是珍爱艺术，有的人是附庸风雅，有的人是出于政治需要，还有的人是出于装点门面。但是作为书法本体来说，帝王的重视与否确是非常重要的。所以即使不断地改朝换代，中国书法艺术仍然能够沿着自己的艺术轨迹继续发展。

王羲之以“中和之美”筑起中国书法的第一座丰碑，颜真卿则是以他的“气格之美”树立起中国书法的又一座高峰。历代评价颜真卿，首先对他道德君子、忠臣烈士的一生不惜笔墨，给予极高的赞誉。颜真卿一生在玄宗、肃宗、代宗、德宗四朝天子为臣，最终为唐王朝舍生取义、杀身成仁。陆游的一句“学书当学颜”，成为后世流传最广的一句学书箴言。

热血书家

一、颜真卿，书风彰显盛唐之音

湖南省的祁阳县是一个不为常人所知的地方，这是由于它的偏僻。然而在书法家的眼中，这里的一山一水、一草一木都值得被尊敬。因为这里和一个伟大的名字——颜真卿联系在一起，1230 多年前镌刻在摩崖石壁上的书法作品《大唐中兴颂》至今还被人顶礼膜拜。

▲《大唐中兴颂》拓本局部

中国历史上最为强盛的大唐王朝面临土崩瓦解的危险。安禄山率领的叛军接连攻城略地，直逼长安，史称“安史之乱”，安史之乱

▲ 安禄山起兵

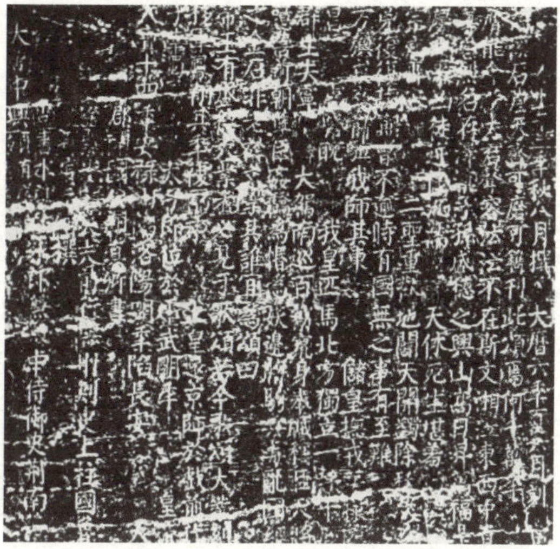

▲ 摩崖《大唐中兴颂》石碑

前后历时7年，后叛乱终被平定，天下重归太平。为了纪念这一历史事件，唐朝著名文学家元结撰文，盛请在平定安史之乱中立下丰功伟绩的颜真卿作书，在山崖之下留下了千古名篇《大唐中兴颂》。

颜真卿的书风如钟鼎坐堂、正大光明，丰厚、雄浑，气势宏大，其中蕴含刚烈之气。颜真卿融会各家，真草隶篆无一不擅，他首创了逆笔启动、中锋行笔的书法，其藏头护尾的书写风格吃墨很深，所以显得非常雄浑有力。这种风格的形成当然与盛唐之音有直接的关系，可以说是盛唐之音的一种符号象征。

颜真卿传世碑刻中经常自署“琅琊颜真卿”。琅琊，即今山东省临沂市。琅琊颜氏在历史上是名门望族，颜真卿的祖上可以上溯到那个因德行好而被孔夫子赞曰“贤哉，回也”的颜回。颜氏一门以诗礼传家，名臣辈出：中国历史上的著名南朝诗人，与谢灵运齐名，被后人称为颜、谢的颜延之；以宣扬儒家传统思想为立身治家之道的《颜氏家训》作者，北齐文学家颜之推；唐朝著名学者颜师古等颜姓大儒都出自颜门，和颜真卿血脉相承。颜氏家族在西晋时随宗室南迁到建康，后迁长安。颜真卿于709年出生在京兆万年，就是今天的陕西省西安市。

颜真卿，字清臣，透过其名和字，不难看出父辈对颜真卿的道德品行方面提出的要求和希冀。开元二十二年（734），才华横溢的颜真卿考中进士，那一年他26岁。

天宝十二年（753），颜真卿被排挤出京，远赴山东德州任平原郡太守，后人称颜真卿为“颜平原”即由此而来。平原郡远离京城长安，这里土地贫瘠，民风剽悍。摆在新任太守颜真卿面前更为严峻的问题是，平原郡属心怀二志的奸佞之臣安禄山所管辖，这就为颜真卿日后面临的风险埋下了伏笔。

颜真卿任平原郡太守后，他“废苛政、黜奸小、除奸诡、进忠良”，平原百姓从此安居乐业，道途不惊。为此，唐朝著名的边塞诗人高适曾写下了《奉寄平原颜太守》一诗，表达对颜真卿造福一方百姓的赞赏之情。

二、悲愤写下《祭侄稿》，史称“天下第二行书”

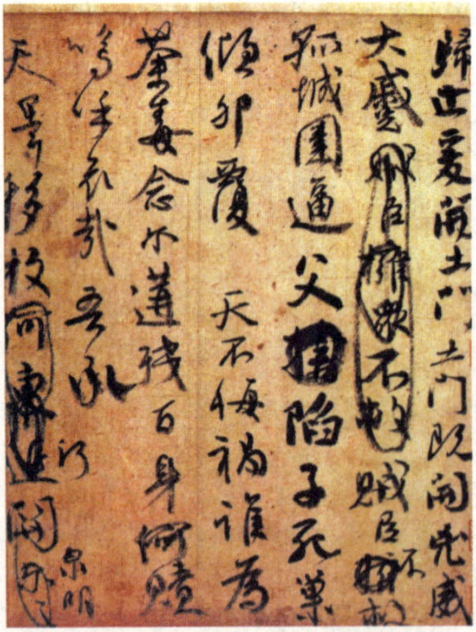

▲“天下第二行书”《祭侄稿》

对安禄山的野心，颜真卿有所防范，他悄悄地在平原郡高筑城，深挖沟，收揽丁壮，积储粮草，表面上则每日以书会友，吟风弄月，制造假象以化解安禄山对他的防范。

天宝十四年（755）安禄山起兵谋反，叛军所到之处，“河朔尽陷，守令或开门出迎，或弃城匿窜，无敢拒者”。面对突如其来的事变，唐玄宗李隆基束手无策，狼狈不堪，感叹“河北二十四郡，无一忠臣耶？”就在此时，颜真卿在山东不等诏令，便主动挺身而出，举义讨贼。由于对安禄山早有防范，颜真卿一声令下，所辖的三千兵马很快扩充为上万人的威猛之师。

颜真卿遂被推为联军盟主，统兵20万，横绝燕赵，军威大震。天宝十五年，颜真卿曾指挥平原、清河、博平三郡，这些都是现在河北省和山东省一带，与叛军激战并取得了重大胜利。

颜真卿在这场关乎唐王朝存亡的动乱中，大忠大勇，功勋卓著，同时他也付出了失去亲人的惨痛代价。叛军大兵压境，在攻打常山城的战斗中，其兄颜杲卿弹尽粮绝、寡不敌众，和他的儿子颜季明一同被俘。

2年之后，当安史之乱的硝烟散尽，顾不得洗去征尘的颜真卿，就开始四处寻找死难亲人的尸骨。乾元元年（758）九月，颜真卿安葬了亲人，并设薄酒，祭奠为大唐社稷捐躯的颜季明。此时的颜真卿悲从中来，难以自制，写下了那篇流传千古的《祭侄季明文稿》，后人称作《祭侄稿》。

《祭侄稿》书写25行，共234个字。祭文情感真切，痛贯心肝，悲壮情怀溢于字里行间。颜真卿面对亲人的亡灵，国难家仇，涌上心头，抚今追昔，感慨万端。

《祭侄稿》开篇从“维乾元元年”开始，可以清楚地看出，颜真卿的心情异常沉重，落笔冷静，书写缓慢，一字一字笔墨饱满，用笔沉重沉着，墨色凝重而近于凝固，似乎在书写过程中还在构思文章所要表达的内容。很快书家的激愤之情渐次高扬，行笔加快，涂改之处、枯墨之笔频现纸上。从“蒲州”二字开始，墨色渐重，笔姿放纵，此后笔势渐次跌宕，可以看出颜真卿的心情越来越不能平静。在“尔父竭诚，常山作郡”一处竟连续涂改3次，难以定稿，在笔墨翻飞之间，他想到了与自己手足情深的族兄颜杲卿，难以抑制的悲情跃然纸上。当他写到“土门既开，凶威大蹙，贼臣不救，孤城围逼。父陷子死，巢倾卵覆。天不悔祸，谁为荼毒”时，字形突然放大，行笔加重。手稿节奏铿锵，音调悲壮，呜咽之声由弱至强，声声入耳。

当写到“百身何赎，呜呼哀哉”“抚念催切，震悼心颜”时，我们仿佛看到颜真卿老泪纵横，痛心疾首。当“呜呼哀哉”第二次在文中出现时，手稿已经是满篇狼藉，肆意涂抹，无列无行，雷霆轰鸣。对逝去亲人铭心的追念和对叛乱奸佞刻骨的仇恨，使得他无法抑制自己胸中的情感，无法控制手中的这支笔。

通观《祭侄稿》，很难想象颜真卿会把原本一篇普普通通的祭奠文字写得这样奇崛雄健，这样浩气充塞。江河翻涌，山峦崩摧，天塌地陷也不过如此。1000多年来，颜真卿的《祭侄稿》不仅被公认为是颜氏行书中的顶峰之作，而且在中国书法史上被称作继东晋王羲之《兰亭序》之后的“天下第二行书”。

三、陆游盛赞“学书当学颜”

颜真卿书法的特殊意义在于他一变古法。

王羲之确立的书法传统与风貌，从东晋到晚唐400年来一直延续。历代书法家们虽然各出机杼，但基本上都是继承有余，创变不足。而颜真卿从王羲之那里继承了书法传统的基本原则，在继承的基础上又完成了中国书法史上一次革故鼎新的风格转换，创造性地赋予了书法一种崭新的形神风貌，令人耳目一新。颜真卿将魏晋以来的真书和初唐开始的楷书在结体、笔法、形态方面都进一步规范，使楷书成为一种完全成熟的新的书体。

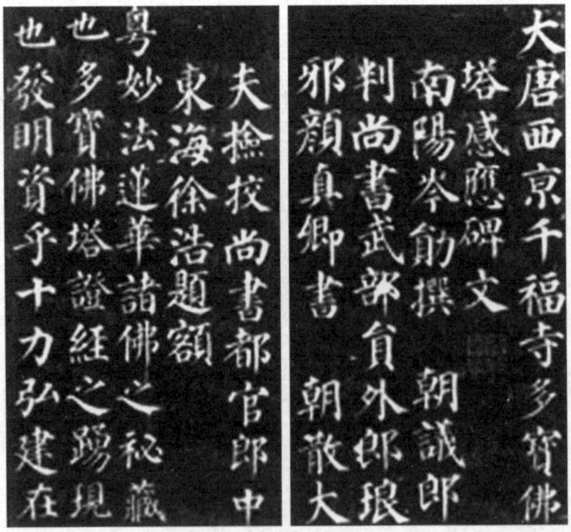

▲《多宝塔感应碑》

颜真卿终年77岁，后人按颜体楷书的发展变化和与之对应的年龄将颜真卿的书法创作划分为小颜、中颜和老颜三个阶段。

《多宝塔感应碑》是颜真卿44岁时所作，颜真卿此时的楷书仍然是从初唐大书法家褚遂良那里继承而来。从这个时候一直到他 50 岁的颜氏书体，被后人称为“小颜”。“小颜”是他初步确立自己“颜体”的阶段。在这一阶段，颜体的继承还多于创新。经过书法前贤张旭的指点，颜真卿欣喜地说：“自此得攻书之妙，于兹五年，真草自知可成矣。”意思是说，他已经得到了学书之法，从现在算起，5 年之内，他的楷书和草书必成大器。

“中颜”是指颜真卿 50 ～ 65 岁。从他 63 岁所书写的《麻姑仙坛记》碑，可见颜体楷书已经完全成熟。笔画、结构和布白都形成了自己独特的风格。至此颜真卿已经一变初唐以来的那种楷书风貌：前者侧，后者正；前者妍，后者壮；前者雅，后者宜；前者瘦，后者肥；前者法度深藏，后者有法可循；前者润色开花，后者元气淋漓。

“老颜”一般指颜真卿 65 岁以后的书法创作。在这一阶段，颜真卿书写了大量的书法作品，颜体从成熟中加以神奇变化，一日有一日之进境，一碑有一碑之异彩。唐大历十四年（779）所立的“颜君神道碑”，因为是颜真卿为他的曾祖父颜勤礼所立，所以后人称其“颜勤礼碑”。此碑在北宋元年间忽然神秘失踪，一直到 1922 年才意外现身。这块代表了颜真卿书法最高艺术成就的碑刻，除了石碑中部断裂，其他部分都锻造如新，显得神采奕奕。“颜勤礼碑”是传世颜书石刻中保存最为完好的。

▲ 颜真卿作品

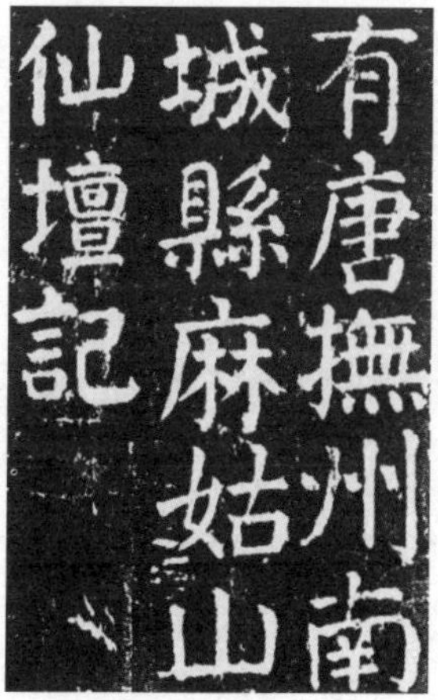

▲《麻姑仙坛记》（局部）

▲《颜勤礼碑》

宋朝大诗人陆游在他的诗中写到“学书当学颜”。这句话也许仅仅是陆游在学习书法时的一点个人体会，却成为后世流传最广的一句学书箴言。这其中也应该包括对颜真卿人格的极高崇敬吧！

四、丹心臣子，热血书家

广德二年（764），颜真卿被唐朝宗李豫封为鲁郡开国公，后人称他“颜鲁公”即由此而来。

建中二年（781）李希烈谋反，叛军攻陷了汝州。宰相卢杞欲乘机铲除异己，加害颜真卿。他向德宗李适建议令颜真卿去招降，糊涂的德宗皇帝准奏，着令颜真卿去传圣谕，招降纳叛。

颜真卿受命后立即动身，前往许昌。消息传开，举朝震动。大臣急忙上疏德宗，说派颜真卿去宣谕结果只能是“失一元老，为国家羞，请留之”。

其实颜真卿比别人更明白卢杞的险恶用心，他平静地写好给儿子和家人的遗书，要他们“奉家庙，抚遗孤”，从中可以看出颜真卿是抱着赴死的决心去执行这个根本不可能完成的任务。

颜真卿一到许州，果然便被李希烈扣留。李希烈先是向他利诱，让他给德宗上书制造李希烈愿意“罢兵马”的假象，又请他做自己的宰相，被颜真卿毅然拒绝了。李希烈恼羞成怒，又以处死颜真卿相威胁，颜真卿正言“颜氏一门没有投降之人”，于是颜真卿给朝廷写了遗表，给自己写了墓志铭和祭文。贞元元年（785），颜真卿在蔡州（今河南省汝南县）龙兴寺中被缢死。

闻颜真卿遇害，三军将士纷纷痛哭失声。半年后，叛将李希烈被自己手下人所杀，叛乱平定。颜真卿的灵柩才得以护送回京，厚葬于京兆万年颜氏祖茔。德宗皇帝痛诏废朝五日，举国悼念。德宗亲颁诏文，追念颜真卿的一生是“才优匡国，忠至灭身，器质天资，公忠杰出，出入四朝，坚贞一志，

▲ 颜真卿

▲ 颜鲁公祠

拘胁累岁，死而不挠，稽其盛节，实谓犹生”。

南京颜鲁公祠，90 岁高龄的当代女书法家萧娴题写了“丹心臣子，热血书家”8 个大字，概括了颜真卿的一生。

千百年来，在中国书法艺术的道路上走来多少文人雅士、笔墨书家，而颜真卿的书法艺术实践在中国书法史上总是占有一席特殊地位，他虽然没有戴上“书圣”的桂冠，但在历朝历代书法家们的心中，他足以和书圣王羲之比肩。王羲之以“中和之美”筑起中国书法的第一座丰碑，颜真卿则是以他的“气格之美”树立起中国书法的又一座高峰。颜真卿完成了中国书法史上的一次伟大变革，颜体书法创造性地赋予了中国书法前所未有的精神风貌，颜体书法的端庄威重、崇高神圣令人不得不肃然起敬。从颜真卿的书法中，我们可以清楚地看到颜真卿那温良谦恭、磊落巍峨、刚正不阿、忧国忧民的品质和修养，以至于后世宋朝大文学家欧阳修感慨地说：“颜公书人忠臣烈士，道德君子，其端严尊重，人初见而畏之，然愈久而愈可爱。”

欧阳修以“书之盛莫盛于唐，书之废莫废于今”感叹宋朝的书家受“法度”的限制而无法超越唐朝。但苏轼的出现很快打破了这种局面，也正是苏轼最早提出了“尚意”的口号，这位诗书画全才注定要在中国书法史上竖起一座丰碑。

尚意领袖

在被称为人间天堂的杭州，最引人入胜的是风光如画的西湖。赞美西湖的诗词汗牛充栋，但一首“水光潋滟晴方好，山色空雨亦奇，直把西湖比西子，浓妆淡抹总相宜”则是其中最经典的，此诗一出便万口流传。从此西湖又多了一个好听的名字——西子湖。这首诗的作者就是距今已经900多年、

▲ 杭州太守苏轼

▲ 美丽的西湖

时任杭州太守的苏轼。

一、欧阳修对年轻的苏轼赞赏不已，并感叹“老夫当避路，放他出一头地也”

苏轼，字子瞻，号东坡居士。四川省眉山市人，生于宋仁宗景三年，也就是 1036 年。

苏轼和其父苏洵、其弟苏辙并称为“三苏”。唐宋八大家中，苏氏父子占得其三。苏轼 21 岁时赴京参加科举考试。时任主考官的正是《醉翁亭记》的作者、大文学家欧阳修。苏轼的试卷《刑赏忠厚之至论》令欧阳修眼前一亮，情不自禁地拍案叫绝，感叹道：30 年后，没有人会再提起我，人人都会谈论这个叫苏轼的人。欣喜之余，欧阳修感慨地说：“老夫当避路，放他出一头地也。”

书法经过初唐四杰到晚唐的颜真卿、柳公权，才算是彻底完成了楷书的成熟过程，楷书的创作也发展到了尽善尽美的阶段，同时也进入了法度森严的阶段，形成了唐朝“尚法”书风。

有法可依固然使得书法有了规矩和标准。但是，书法毕竟是人类精神的产物，过于严谨的法度必然会限制人的创造性。宋初的书坛，缺乏引领时代风气的书法大家。欧阳修认为“书之盛莫盛于唐，书之废莫废于今”，感叹当朝没有可以与前朝书法大家相抗衡的书法家。但这种局面没过多久就发生了变化，因为苏轼出现了。正是苏轼最早提出了“尚意”的口号。

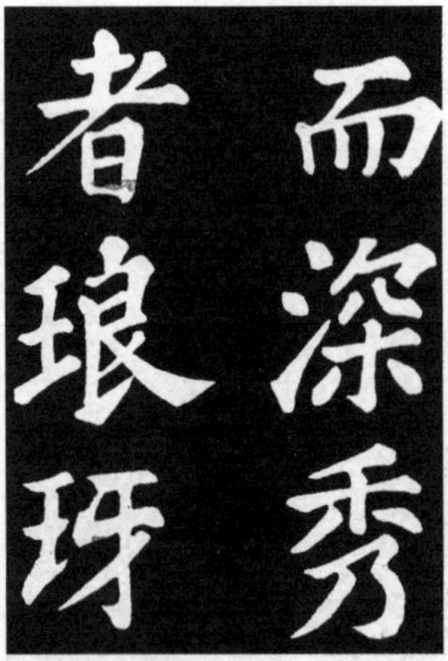

▲《醉翁亭记》局部

宋朝的大书法家有一个明显区别于其他朝代的特点，他们的文人修养之高是历代书法家所无法比拟的，而苏轼就是其中最杰出的代表。宋朝自苏轼开始，那些著名的书法家，不论官居何职，

▲“明月几时有，把酒问青天”，苏轼其书潇洒，其人也飘然欲仙

他们首先认定自己的身份是文人，心态自然也应该是文人士大夫心态。以苏轼为代表的宋人书法，追求的是以文章才学为根基的个体心性的自然流露，这就从根本上突破了唐朝以来以书写法度为要义的风气，而将艺术素质作为书法要义推到至高无上的位置。宋朝的文人们更愿意写出属于自己的那份闲情逸致，在书中同样流露出属于自己的率真性情。这也就是“尚意”书风的思想基础。

苏轼之子苏过在评论父亲书法时说，他“并无意于以书自名，其书亦不过是其人的那种至大至刚之气，发于胸而应之手罢了”，意即苏轼的书法只不过是他超然物外、意欲“乘风归去”精神的自然流露。苏书那种傲岸磅礴、潇洒出神的风格特征，也正与苏轼本人英风逸韵、飘然欲仙的风采互为表里。

▲赵佶瘦金体书法

唐朝大诗人杜甫说“书贵瘦硬方通神”，这说明当时的人们是非常推崇瘦硬书体的。到了宋徽宗赵佶，更把瘦硬书体发挥到了极致。苏轼却针锋相对地提出了自己的艺术观点，他说：“杜陵评书贵瘦硬，此论未公吾不凭。短长肥瘦各有态，玉环飞燕谁敢憎？”明确提出“短长肥瘦各有态”的主张，认为美有不同风格。

二、“东坡居士”的由来

北宋的建立，结束了中国在唐以后五代十国的大分裂局面。可是北宋形势复杂：对外处在北方少数民族政权军事威胁下；对内大大小小不同的政治势力结成朋党，新旧党争接连不断。神宗皇帝有心改变这样的局面，于是变法求新的重任落到了宰相王安石的肩上。

27岁的苏轼怀有一腔报国的热忱，从政治、经济、军事等各方面提出了自己的主张。但是苏轼的谋划与王安石的设想存在很大的差异。例如，王安石提出要改变法制，苏轼却公然上书皇帝说："臣窃以为当今之患，虽法令有所未安，而天下之所以不治，失于任人，非法制之罪也。"王安石要变法科举，苏轼又上《议学校贡举状》，再次反对王安石的主张。

苏轼的文章诗词在社会上深得人们喜爱，神宗虽然不喜欢他这个人，但是对苏轼的诗词文章也是爱不释手。因此，苏轼的文章诗词流传很快、很广。但苏轼从没有想到危险就在身旁，必欲除之而后快的人无所不在。

元丰二年（1079），对苏轼早就心怀不满的一些人摘取苏轼词句中的句子加以分析后上奏皇帝，说苏轼"衔怨怀怒""包藏祸心"。如此大罪可谓死有余辜了。元丰二年7月28日，苏轼被捕，押解京师。好在京城替苏轼说话的人很多，加之仁宗皇后也亲自出面求情，苏轼这才获赦出狱，发配黄州。

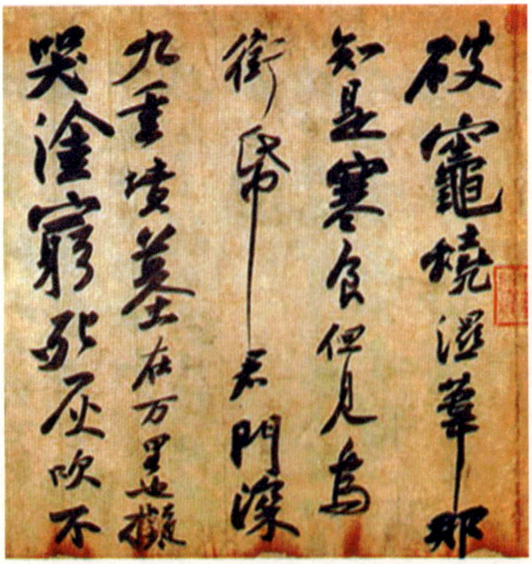

▲《寒食帖》

苏轼在黄州担任的是个虚职，主要的任务是反省自己的错误，因此心情并不愉快的苏轼想起了白居易的一首诗，名为《东坡种花诗》。当时白居易也是因罪被贬，两个人的情境非常的相似，所以苏轼为自己取号东坡，自称"东坡居士"。

"乌台诗案"给苏轼的打击是相当沉重的，《寒食帖》是苏轼被贬谪黄州第3年的三月初七写下的两首诗。因其第一句是"自我来黄州已过三寒食年"，后人称其为

《黄州寒食诗帖》，这是苏轼存世作品中最为精彩的代表作，被后世誉为“天下第三行书”。

苏轼在《黄州寒食诗帖》中情感波澜起伏。前七行书家的心境还比较平和，书写中规中矩，结字以扁平为主。随着情感逐渐向激越过渡，用笔也逐渐沉着痛快，字形出现正斜交替变化，用笔无拘无束，率意奔放。书到后面，越发恣肆挥洒，特别是“哭”这三个字，字形猛然放大，突兀地出现在读者眼前，产生了令人心惊胆战的视觉冲击力。随着“死灰吹不起”，全文戛然而止。

《黄州寒食诗帖》的书法艺术语言运用得炉火纯青，恰到好处。凝重与流动、豪放与平和有机地融为一体。如果我们再把作者所表达的心境和书法综合起来观看，一幅日暮途穷，“断肠人在天涯”的场景会清晰地展现在世人面前。读着这样的文字，一股悲凉之气充塞胸襟。在手稿的结尾作者并没有落上自己的名款，仅“右黄州寒食二首”便草草结束了。这在苏轼传世作品中是绝无仅有的。我们可以揣测苏轼的心情：在这个暮春季节，面对连绵不断的淫雨，外面到处是一片泥泞，一片萧瑟，书家病后初愈，面对空灶湿柴，冷清之极，遥望家乡，云路隔断。看不到出路，看不到希望，此情此景，令人不忍卒读。

三、一生推崇王羲之，却把“最好的书家”之名献给颜真卿

苏轼作为宋朝书坛“尚意”书风的开山之人，终其一生推崇王羲之、王献之父子，他推崇二王书法的“绚烂至极，复归平淡”，王羲之那种不激不励、平淡深邃的书法风格是苏轼心中的最高典范。而苏轼对唐朝书法整体上的评价并不高，认为唐人一味追求形式，缺乏新意。“尚意”书法无论在理论上还是在实践上，对于唐朝“尚法”书风都是一种背叛或者说挑战。但是在他需要明确指出一个他心目中最好的书法家时，苏轼却偏偏没有提及书圣王羲之、王献之，而是出人意料地把这个唯一的选择献给了唐朝的颜真卿。在

对中国传统文化进行总体评价时，他说："诗至于杜子美、文至于韩退之、书至于颜鲁公、画至于吴道子，而古今之变，天下之能事，毕矣。"他认为杜甫的诗、韩愈的文、颜真卿的书法、吴道子的绘画至善至美，能达到他们的程度，天下所有之能事，就可以到此为止了。

那么，为什么在这样的时刻书圣王羲之却没有进入苏轼的法眼呢？

《中国书法》杂志社编辑部主任朱培尔认为，苏轼在书法标准之外，更看重颜真卿的人格魅力。在苏轼的眼中，颜真卿其实是最符合儒家道德传统的正人君子。宋朝人论书往往把书品和人品联系起来，苏轼也是赞成"书如其人""书为心画"的观点。

元元年（1086），哲宗赵煦登基。小皇帝年方 9 岁，由祖母高太后摄政。高太后反对变法，她对苏轼的才华颇为赏识，于是重召他回京。在政治漩涡中浮沉起落的苏轼这一次迎来了他仕途最光明灿烂的一幕。

高太后垂帘听政，给保守派东山再起提供了条件，他们纷纷要求废除王安石变法，彻底恢复旧制，但是这时的苏轼已经不再年轻，他认为对变法应该留利去弊。这自然又引起动荡，于是有人将他比作第二个王安石。这一次不但改革派反对他，保守派也开始反对他。或许是看到自己的处境又一次陷入艰难，苏轼心灰意冷。元四年（1089）三月，他以龙图阁学士出任杭州。

元八年（1093），高太后去世，苏轼贬谪惠州。绍圣四年（1095），又是一纸贬书飞来，苏轼再次被贬海南的儋州，真正到了天涯海角。

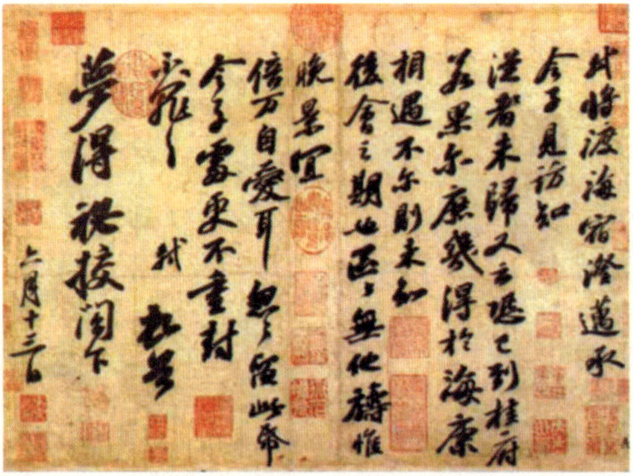

▲ 苏轼《渡海帖》

元符三年（1100）正月，哲宗驾崩，即位的是宋徽宗，许多流放边地的大臣接诏内迁，苏轼也在其列。在天涯海角度过 4 年艰难时光，已经年过花甲的苏轼根本没有想到此生竟还能活着回去。回首多年的经历，苏轼情不自禁，吟诵道：“心似已灰之木，身如不系之舟。问汝平生功业，黄州惠州儋州。”

在回师北归途经琼州海峡时，苏轼写下了他一生中最后一件书作《江上帖》。《江上帖》用笔雄健、结字精美、章法自然，表现出他睥睨一切的气概和“人书俱老”的境界。后人从笔迹中可以看出，苏轼写此帖时用笔已经出现颤抖，这是垂暮的病态显露。苏轼写下《江上帖》3个月后，便与世长辞，终年66岁。据东坡先生墓志铭记载，苏轼去世的消息传出，“吴越之民，相与哭于市；其君子相吊于家；讣闻四方，无贤愚皆咨嗟出涕。”

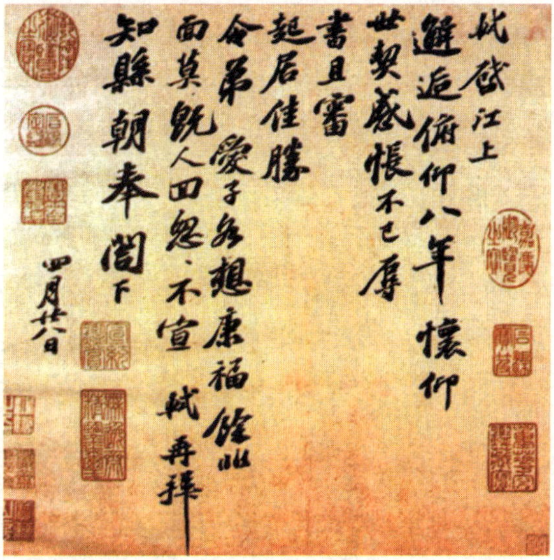
▲《江上帖》

在苏轼去世一年后，朝廷对苏轼的态度突然转变，皇帝颁旨，严令禁止苏轼的诗集文章，捣毁刻有苏字的石碑，销毁苏轼的书法作品。

苏轼在诗中写道：“退笔如山未足珍，读书万卷始通神。”他认为只有胸中万卷诗书，才能够笔下通神。苏轼是中国古代最先提倡提高书家知识修养的人，他说“作字之法，识浅、见狭、学不足三者，终不能尽妙”。主张书家从对书法形成的依附中解放出来，书家的学识修养直接决定他的书法境界。黄庭坚评价苏轼是“东坡简札，字形温润，无一点俗气。胸中有书数千卷，则书不病韵”，这就解答了为什么苏轼书法“无一点俗气”的问题。苏轼书法中所充盈的文章学问之气，淋漓尽致地从笔墨之间散发出来，这种浓郁的文人气息，自宋以来，一直影响了中国书法艺术道路900多年，直到今天。

在距今3000多年前，当我们的先民在一块块龟甲兽骨上刻画下一些在今人看来颇为神秘的古文字时，一个由线条构筑的世界就注定了要在这块东方古老的土地上，演绎出一段千年的传奇。

中国古代书法艺术

今天的人们，在重新审视祖先的这一遗产时，不禁会产生深深的困惑：为什么出于实用目的的文字，会在这方土地上演变成一门古老的艺术？而在3000多年的历史传承中，人们又因何乐此不疲，深深迷恋于对这个线条世界的创造呢？

一、线条的世界

一张古人随手写下的便条，虽然残缺不全，仅有27个字，而且文中的内容已经无法全部释读，但它在中国书法的发展历史上却有着前无古人、后无来者至高无上的地位，它的书写者被后世的追随者尊称为“书圣”。在古籍的记载中，那是一个距今1600多年的有着特定历史背景的特殊年代，那时的人们峨冠博带，生活散淡不羁……但是，正是这个时代中一群不拘形迹的文人，用他们神奇的笔墨，将汉字实用性的书写赋予了艺术的感召力，集先人之大成、高屋建瓴，成就了影响后世数千年，令后人只能望其项背、难以企及的

“魏晋书风”。

俗话说“万丈高楼平地起”。那么，这个横亘在后人面前的中国书法发展史上的高峰究竟从何而来？又因何对后世形成如此深远的影响呢？

二、锲刻的“童年”

通过百余年间对河南安阳殷墟的考古发掘，人们不仅领略了我们的先民在那个遥远年代创造出的璀璨的青铜文明，同时也对3000多年前我们先人的生活状态有了更加详尽的了解，这得益于那些被刻在乌龟的外壳和牛的肩胛骨上的甲骨文。这些已体系完备的古文字出自中国历史上最早的书法家群体之手，他们被称为贞人。贞人在当时掌管着被称为国之大事的祭祀活动。他们根据每次祭祀活动的内容，在龟甲兽骨上刻写相关的卜辞。因此，不同时期不同贞人所刻的甲骨文，在字形与结构布局上便呈现出了不同的个人风貌——书写风格，虽然那时还没有进入艺术自觉的时期。此外，文字还被浇铸在青铜器上流传下来，后人把它们统称为金文。由于是浇铸而成，金文线条浑厚凝重，再加上岁月的销蚀，往往字迹斑驳模糊，呈现出一片苍茫古朴的气象。以至于数千年后当它们重现天日之时，带给后人的是一种似曾相识却又耳目一新的艺术启示。

其实，不仅是我们的先人，当时的西方人同样使用着这种在一定程度上模拟自然界和人们生活中的图像，具有强烈绘画特色的象形文字。但是，当

▲ 甲骨文与金文。作为中国书法已知的原点与远点，是有史证为凭的

时间步入公元前15—10世纪的时候，东西方文字却开始分道扬镳，走上了截然不同的道路：西方文字走的是字母化道路。也就自此始，西方文字基本上失去了艺术特性，而仅仅保留了传言记事的功能；而我们的先人却在古老象形文字的实用价值之余，不断地融入艺术化的审美书写，进而形成了独有的书法艺术。但为什么会形成这种巨大的分野，也许只能定格成难以破解的历史悬案了！

三、“两条腿走路”

经过甲骨文、金文的缓慢发展，古代书法开始缓慢地步入它的成熟期。

公元前221年秦统一中国，始皇帝颁诏“书同文、车同轨”，小篆成为统治者意志第一次达成文字大一统的标志。及至汉取代了短命的秦，虽然统治者再次修订文字，颁布了各种标准使隶书风行天下，但是，这种文字自上而下的统一丝毫阻止不了字体在不同的书写者手中的演变。以往，曾经出现过一个令书家、史家无法解释的空白期：因为篆书和隶书是两种截然不同的字体，其二者之间的演变应该有一个渐进的过程，这个过程又是怎样发展的呢？随着近代的一些考古发现，出土了大量秦汉时期的竹简和帛书，人们终于从这些弥足珍贵的古代墨迹上看到了字体演变的关键环节：一些造型独特、既像篆书又像隶书的字体。

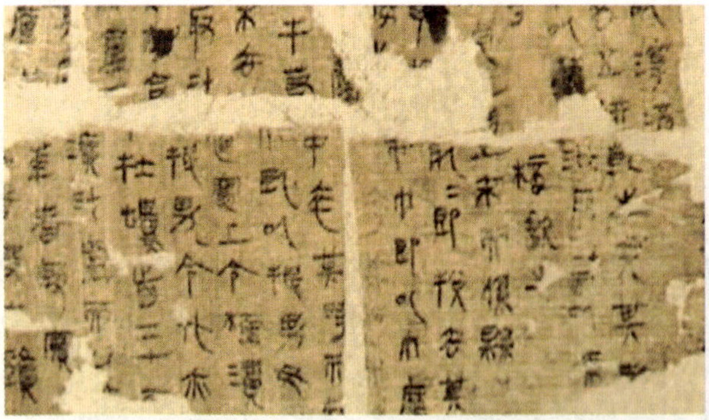

▲ 这些非篆非隶的“怪字”是秦篆到汉隶的过度字体。它说明：虽然秦篆与汉隶乍看上去截然不同，却是一脉相承的，而促成这种演变的动力就是便于书写的实用目的

即便在两汉时期人们仍还没有书法艺术的自觉意识，但是，正因为汉隶书写的简便性为书法艺术提供了巨大的创作空间，终使中国书法的发展随之进入了它

空前绝后的最辉煌时代。实用与审美始终是汉字两条并行不悖的脉络。

四、“一览众山小”

649年，以“贞观之治”开创一代盛世的唐太宗撒手人寰，不仅留下了传世的英名，也给后世书家带来了无尽的烦恼。因为，这位皇帝生前是一个狂热的书法爱好者，据说他把一件被誉为“天下第一行书”的书法作品给带走了，以至后世能够见到的只是其生前一些书法家的摹本。这幅作品就是《兰亭序》，出自被誉为“书圣”的晋朝书法家王羲之之手。

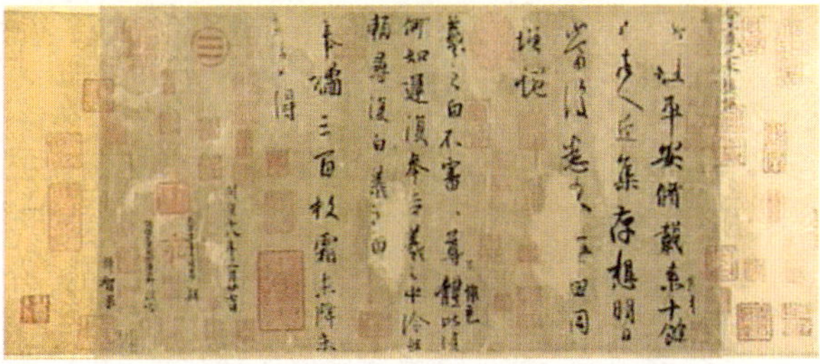

▲ 王羲之的旷世之作《兰亭序》(摹本)

在后人的心目中，王羲之几乎就是中国书法的代名词。他不仅是中国古代书法发展到东晋时期的集大成者，也是以创新开后世书风之先河者。人们评价他的字“雄伟秀丽，出于天然使得古法为之一变”，观后令人不由得频频发出“不知如何言说”的慨叹。后世书家无不对之顶礼膜拜……也就是从王羲之所处的那个时代始，人们终于将无意书写转变成为自觉的创作，而且针对书法的各种理论也逐渐形成体系。书法从此成为一门自成体系的艺术类别。

五、洋洋洒洒千年路

在王氏书风的影响下，在其后不远的大唐盛世，不断涌现的一些书家开始尽情地对书法艺术进行演绎和发挥。

张旭和怀素是开一代狂草书风的代表人物。在他们传世的作品中，不论单一线条的造型，还是不同线条间的组合变化，文字的可读性完全让位于书写时的情绪表达，或喜怒，或穷困，或忧悲，或怨恨……种种情致尽现于线

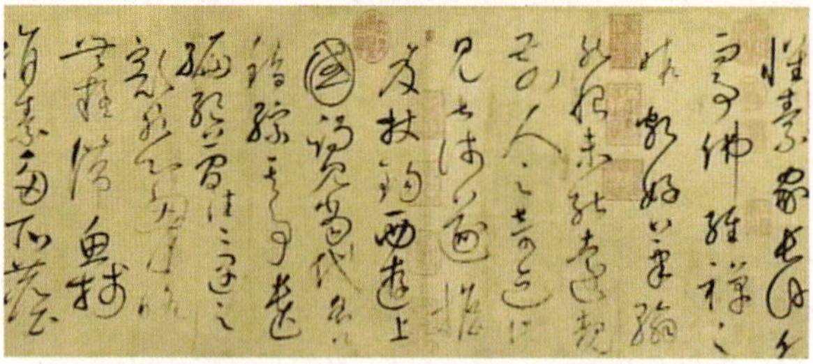

▲ 唐朝怀素的狂草佳作《自叙帖》。字字龙飞凤舞，通篇气势非凡

条的纵横跳跃、连绵环绕之中，令人叹为观止。

楷书虽最早形成于汉朝，但其发展的最高峰却是在唐朝，因此楷体也被后世称为“唐楷”。在唐朝，楷书的发展出现了影响后世的三种书写派别：清丽秀美的欧（阳询）体、厚重宽博的颜（真卿）体和集两家之长、更加工整清晰的柳（公权）体。楷体由于工整和清晰，不仅发展成为最具大众化色彩的书法艺术，也理所当然地成为历代的官方字体……直到今天，楷体仍旧是中国最流行的一种印刷字体。在“唐楷”三大家中，颜真卿是尤为值得一书的人物：他初学（书法）随褚遂良，后从张旭得笔法，行、楷兼备，最终变古法创新风，不仅开创了对后世影响深远的颜体，而且他的《祭侄文稿》，更是被誉为继《兰亭序》之后的“天下第二行书”。

及至北宋后期，自唐末始因战乱一度走向低迷的书法风尚得以为一股崇尚意趣的书风所重新振作，这一时期的书家抛却古代成法的束缚，更加推崇主观情趣的表达，这种理念对后世产生了极为深远的影响。一代文豪苏东坡仕途坎坷，他遭贬黄州最背运的时期写下一篇意境与神韵兼备的书法佳作，被后人誉之为“宛若天成、如有神助”。

古代文人讲究修身养性之道，尤其宋朝之后的文人更注重琴棋书画各个

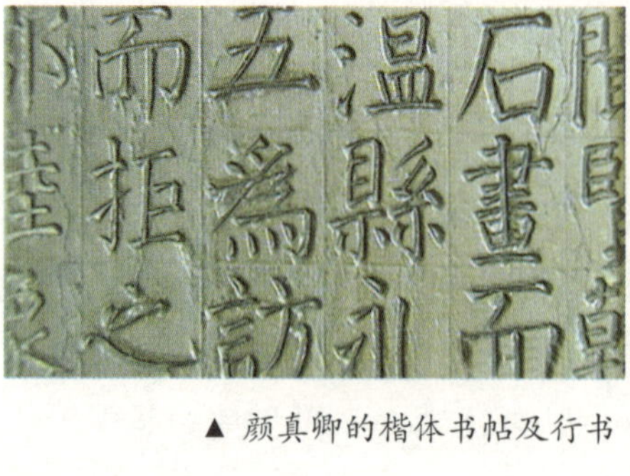

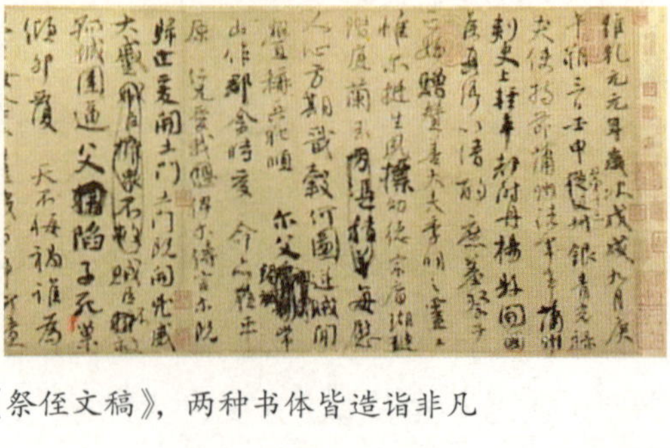

▲ 颜真卿的楷体书帖及行书《祭侄文稿》，两种书体皆造诣非凡

门类的博涉兼通。而正是这种讲究情趣、学问与修养并重的时风，使书法作为艺术的特质越发得到彰显。直至今日，虽然书法的含义出现了一些变化，但它在作为一个专门艺术类别的同时，仍是普通人用来怡情养性的上佳方式。

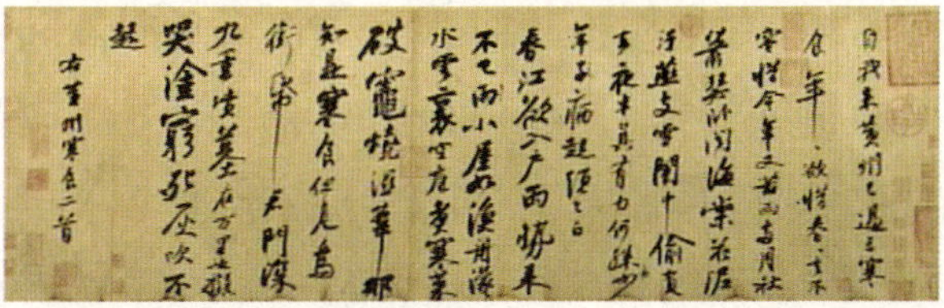

▲ 北宋苏轼的《黄州寒食帖》。同篇文字前后书风差异显著，真情至性尽现笔间

六、“内外兼修”释书史

如今的人们一提到书法，在说到古今名家、佳作的同时，自然也少不了笔、墨、纸、砚，因为这“文房四宝”是书法艺术必不可少的“硬件保障”。其实，“硬件”又岂仅仅是笔、墨、纸、砚？多少年来，一直有这样一个问题困扰着史家和书家们：因为据考古发现，书桌是在宋朝以后才出现的，就连高脚椅和垂足坐的姿势也比书桌早不到哪里去。那么，此前古人的书法创作是如何得以完成的，难道古人会有完全不同的书写方式吗？

1958 年，在湖南省长沙市出土了一件西晋时期的“青瓷对书俑”：两个俑人对面而坐，中间是一个长条形几案。上面放着砚台、毛笔和笔架。右边的俑人手里捧着几块薄木板，也就是后人所说的可供书写的“尺牍”。左边的俑人，左手举着尺牍，右手握着毛笔，凌空书写。通过这尊俑再结合同一时期的绘画，令人清晰地了解了在书桌出现之前古人的书写方式。

▲ 西晋“青瓷对书俑”，它使今人得以了解那个时代的书家凌空挥毫的书姿

但是，在这种凌空书写的姿势下，柔软的纸张如何能承受住毛笔书写的压力呢？众所周知，造纸是我国的四大

发明之一，出现在汉朝。而此前，人们的书写材料历经了长时间的演变过程：从商朝的甲骨到秦及汉前期的（竹）简、（木）牍。史载：秦时掌管书写的文官被称为“刀笔吏”，他的身上要配备两样特殊的物件：一把铜刀，一块磨刀石。写在简牍上的文字需要修改，就用铜刀刮去上面的字迹，重新写过。而经常刮削简牍，铜刀容易发钝，因此磨刀石也是刀笔吏的必备之物。直到东汉末年，随着造纸术的进步，纸的应用开始普及，书写材料进入了纸张和简牍并用的时期。再到魏晋，纸张便彻底替代了简牍。而正是随着书写材料的进步，给魏晋书法的兴盛奠定了至关重要的物质基础。

除了作为书写材料的纸外，中国传统的书写工具毛笔，据考证也有3000多年的历史了。那时的毛笔笔杆很细，大致相当于今天的圆珠笔芯；笔毫较长，有三分之一扎在笔管之中；笔毫最早是用羽毛做的，后较普遍使用兔毛，据说王羲之的笔毫是用老鼠胡子做的……专家推测，这种在现代人看来并不顺手的笔，可能是为了方便在简牍上书写细小的字体而设计的。汉朝之后，毛笔的笔杆逐渐加粗，它的形状与后世的毛笔已经没有太多的区别，这种变化或许也是为了适用于不同字体的书写而逐渐演变的。可见，是毛笔的诞生，奠定了汉字从书写演变为书法的物质基础。古人说“唯笔软则奇怪生焉”。书法最核心的审美对象是线条，笔毫柔软的毛笔，赋予了书法变幻莫测的线条，而后人关于书法审美的一些特定语汇正是由于毛笔的不同书写方式而产生的。比如：方与圆、虚与实、枯与湿、疾与涩、巧与拙。这些特定的审美取向，经过历代书家的完善而日趋丰富，进而构建出古代书法独特的审美意蕴。

▲ 甲骨文的“笔”字及迄今发现最早的战国毛笔实物

与许多发现或发明一样，同样是中国人最早发现自然界中有一种可以留下清晰的黑色痕迹的物质，这就是最早的墨，而后世一直沿用的人造墨是大约在汉朝出现的，是用烟煤加胶粘黏成的。由于当时制墨技术还不发达，墨只能制成小小的丸状，需借助小石块配合砚台磨制使用。于是，便有了砚台。

再就是书法理论。大约从东汉始至清朝，每个时期的理论家总是不厌其烦地论述着笔法的玄妙。在古人的记述中，用笔的法则是成就书法的核心技艺：毛笔在手中并不是僵死不动的，书写时大拇指要根据书写线条的变化来回拨动笔杆，这就是古人一再推崇并延至今日的五指执笔法。只有这样，才更有利于毛笔灵活自如地转动，更容易控制笔画的粗细变化，保证行笔的快速流畅……专家推测，书法在诞生之初，文字的书写更重要的是实用性的记录，古人对书写时的便捷与快速的要求无疑是第一位的。正是在这种需求的推动之下，古人总结出了这种笔法动作。

从宋朝开始，由于书桌的出现，古人凌空书写的姿势变成了垂直于书桌的书写姿势。正是这一颠覆性的变革，导致书法的工具也悄悄发生了变革：笔毫柔软的羊毫笔渐渐流行起来；对墨的讲究也越来越多。好多书法家都有自己喜欢用的墨，墨中以产于安徽省徽州区的徽墨最为著名；还有纸，因为墨色的变幻必须通过纸张来表达。而随着宋朝之后造纸技术日趋发达，不同尺寸、不同质地、不同性能的纸张出现了。尤其到了清朝，书法用纸几乎已经是宣纸的天下。宣纸因产于安徽省宣州区而得名，这种纸绵白细匀，具有良好的渗水性，墨色在纸上生润有色，笔痕清晰，被人称颂为“发墨定笔”。

▲ 古画中体现的书桌出现后宋人的书姿，与如今人们的书姿已几乎无异

也正因为有了这一系列的进步，使得宋朝之后的书法家在传承古人笔法的基础上，对传统书法进行了全新的演绎。如对张挂

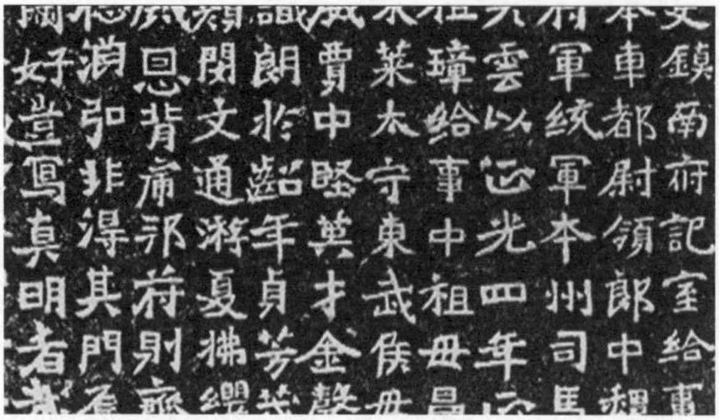

▲ 清末出现并影响至今的碑学书法

于墙壁上巨幅作品的创作，书家更加注重整体与细节的兼备，把书法的欣赏方式从手头的赏玩变成了站立式的远观。这种转变直接影响到了现代书法的创作观。而到了清末，随着甲骨文、一些带有铭文的青铜器以及大量北魏时期碑刻被发现，一些力求革新变法的书家一变风气，以苍茫质朴为美，用柔软的毛笔模拟这种刀刻和青铜浇铸的古文字，开创了影响至今的碑学书法。直至今日，在美术学院的书法教育中，魏碑石刻仍旧是重要的取法对象。因此，也可得出这样一个结论：探究中华3000多年的书法史，“硬件”的进化同样也是一条不可或缺的脉络。

今天，中国古代的传统书法，已经在众多的艺术门类中形成了一个独立的学科。后人在用现代的艺术眼光审视这门古老的艺术时不难发现：这一跨越千年的文化传承，起始于一根根变幻莫测的神秘线条，而在线条的背后，则是这个古老的国度对这些线条构筑出的世界深深的迷恋和无休止的追寻。

一张普普通通的黑纸，却比黄金贵重多了。

乌金纸案

南京金线金箔总厂专业生产金箔，每年出口的金箔，占中国总出口量的近70%。

金箔厂厂长李宝祥的一个业内朋友，在市场上偶然买到了一些乌金纸，就寄来一张样品让他看看。拿到这张纸，李宝祥大吃一惊：竟然和自己厂里生产的一模一样。乌金纸是国家保密项目，不允许流出厂区，怎么可能在市场上买卖？

打金箔，需经过12道工序：化金条、拍叶子、做捻子，打开子……把沉甸甸的金块，做成薄薄的金片。再把金片夹在一张张乌金纸之间，装订成厚厚一摞，经过不断捶打，使金片逐渐在乌金纸中延展开来，直到把一张张金片打成薄如蝉翼的金箔。而乌金纸却不会破损，可见制作金箔对乌金纸的要求之高。

南京金线金箔总厂，是专业生产金箔的企业，而乌金纸是金箔生产的核心。打金箔，号称“三分手艺，七分工具”，这工具主要就是指乌金纸。

乌金纸制成以后，要先打铜箔，再打银箔，最后才能够打金箔，这叫作培养。一张好的乌金纸，培养要3年，成熟要10年，打好了能用上百年。可

▲ 从乌金纸中取出金箔

以说，乌金纸就是金箔厂的命根子，是全厂工人的金饭碗。南京金线金箔总厂的乌金纸技术，已经被列入国家秘密名录，严禁外泄，连一张都不能流出厂外。

金箔厂对乌金纸的管理非常严格，按照《国家保密法》严把每一环节。每做好一块乌金纸，都要编号；用完的或者废弃的，还要编号；销毁的时候，有关环节人员必须到场，集中销毁。

为什么在厂外能买来一模一样的乌金纸？难道是别人也开发生产出了同样的乌金纸？李宝祥把这张纸做上记号，和南京金线金箔总厂的乌金纸混在一起，送到南京大学做鉴定。结果送检样品完全相同，可以肯定，乌金纸确实泄密了。

李宝祥认为有两种可能：有人偷窃了乌金纸，或有人窃取了乌金纸生产技术，在外面生产。他们调查发现，因为乌金纸的使用都有记录和人员编号，不可能丢失外流。所以断定制作乌金纸的技术被泄密了。

但是生产金箔的厂家不少，李宝祥为什么如此肯定这张乌金纸就是自家的？

▲ 乌金纸

整个南京龙潭镇，分布着数百家金箔厂，用的乌金纸都是手工制作的。厂房里用豆油点上一排油灯，上面盖着陈年瓦片，经过灯烟熏烤，油烟挂在瓦片上，留下一层厚厚的油泥。把它刮下来，和特殊的树胶搅拌在一起，就形成了一种黑色的胶水。乌金纸的秘密，就在这层胶水上。耐高温不变性的炭黑，和黏稠的树胶一起制成了乌金纸，可以经受千锤百炼，而毫无破损。

南京金线金箔总厂总工程师金立霞说，当初用的那些乌金纸，都是从个体私营小作坊买来的，价格高、正品率低。每10包乌金纸，能用来打金箔的只有20%～30%。

令人头痛的是，这些乌金纸厚薄不均，容易把金箔打漏，金箔上出现细小的砂眼，就要用小块的金箔去补，耗时费力。金箔砂眼多了，就属于次品。南京金线金箔总厂曾用这种传统乌金纸，生产出的金箔品质很差，严重影响市场销售。尤其是国外三大金箔巨头——意大利、德国和日本，凭借优质的乌金纸生产的金箔，几乎瓜分了整个国际市场。中国金箔面对技术封锁，吃尽了苦头。

李宝祥曾和德国人商量，希望买他们的技术，或者买他们的乌金纸。德国人开价，每块乌金纸至少1万欧元，价格高得离奇。

乌金纸的技术不解决，中国的金箔生产难以发展。国外竞争对手扬言优质乌金纸生产技术，中国人20年也搞不出来。这极大刺伤了李宝祥的自尊心，他痛下决心，组织队伍，日夜攻关，只用了2年时间，就成功研制出了“新型乌金纸”。金箔质量迅速提高，成为中国金箔出口的主力军，在欧洲市场的份额从1%一下子增到60%。

▲ 薄如蝉翼的金箔

不但产品的品质问题解决了，还大幅下降了黄金的用量。原来每万张金箔需用200克黄金，现在每万张用180克、160克、150克黄金的金箔都能做。

如今，反而是国外竞争对手千方百计，要买中国的乌金纸了。为了保护民族工业，2001年，经过申请，南京金线金箔总厂的乌金纸技术，被列入国家秘密名录。这小小的乌金纸，凝结着全厂人的心血和国家荣誉。如今，这项技术却被泄密了。李宝祥决定向南京市检察院报案。

南京市下关区检察院反渎职侵权局认为这个案件重大，不但涉及国家秘密，还是全国首例涉及非物质文化遗产的泄密案件。

办案人员兵分两路。一方面秘密调查，查清有可能接触乌金纸秘密的厂内人员；另一方面顺藤摸瓜，找到乌金纸的卖主。检察院反渎职侵权局局长吴军带领人员，潜入龙潭地区，化装成购买金箔的客商，走访附近的上百家金箔企业，希望找到一些蛛丝马迹。经过 20 多天的筛查，终于得到重要信息。找到了买、卖乌金纸的人。

吴军化装成客户，和一个姓徐的老板取得联系。但是，徐老板拒绝到厂里看货的要求，而是通过电话销售。交易地点，定在了南京的中央门。吴军带人来到了中央门，左等右等，却不见人影，给徐老板打电话。徐老板说，有事出去了，让客户改到车管所交易。吴军再次赶到车管所，又等了半个小时，还是不见人来。

办案人员认为这人的诡秘行为与贩卖毒品如出一辙，因为他太紧张害怕了，所以不敢正常交易。

大家商量决定，用激将法把这条大鱼钓出来。听了吴军的指责，徐老板赶紧辩解，定下了最终的交易地点。这一次，徐老板终于露面了。一手交钱，一手交货。打开来看，整整一包乌金纸。把这包乌金纸再次送到南京大学化验，和第一次的结果一模一样。可以断定，这就是南京金线金箔厂的乌金纸。

吴军认为这时候还不是抓捕的好时机，因为缺乏有力的证据。还不能确定他就是犯罪嫌疑人，乌金纸的真正来路等问题没有完全掌握，要耐住性子等大鱼咬钩。

另一路人马在厂内调查的结果也出来了。乌金纸的秘密，就是一张表面涂层的配方。能够接触到这张配方的，只有 5 个人。第一研究员就是厂长李宝祥；第二研究员是副厂长周良华；第三研究员是总工程师金立霞；第四研究员黄雪芳和第五研究员陆桂香，都是第三研究员金立霞的助手。这五个人当中，到底谁才是“内鬼”呢?

乌金纸配方由一个人保管，由总工程师金立霞锁在保险柜里，别人都拿不到，包括厂长、副厂长在内研制小组的主要成员都拿不到这个配方。

金立霞是新型乌金纸研发小组的技术负责人，配方是她亲手写就的，就锁在她的办公室保险柜里。每一个实验，每一个改动，每一种成分，她都了如指掌。最有条件泄密的，非她莫属。但疑惑随之而来，她难道会如此明目张胆，监守自盗吗?

李宝祥说，金立霞是我爱人，从个人感情，从对企业的感情来说，我和我爱人是一致的，她不可能把这个技术泄露出去。

原来，第一研究员和第三研究员竟然是夫妻。既然金立霞说配方只有她一人知道，她的丈夫极有可能也知道，难道他们夫妻联手导演了一出闹剧?

乌金纸的核心机密，就是配方。现在乌金纸出现了“假李逵”，毫无疑问，配方泄密了。而且，肯定是厂里的“内鬼”泄密，因为即使外人拿到了配方，也不一定配得出来。这就像熬药一样，先加哪个，后加哪个，什么时候加都有严格的工艺要求。只有一纸配方，不知道工艺流程，照样做不出来。难道真是他们夫妻联手作案?

捉贼捉赃，没有证据不行。吴军进一步观察。一天天过去了，夫妻两个表现没有什么异样。就在吴军焦虑的时候，倒是在徐老板那里有了重大突破。

监控人员发现，徐老板出现在镇江市句容。而且，三天两头去，吴军决定去看个究竟。在半山腰上一座废弃的学校，大铁门整天锁着，工人早上进去，直到晚上五点钟下班才出来。这些人满脸黑不溜秋，问他们在里面干什么，他们说在印刷厂印刷黑色的纸。

吴军打算再观察几天，看个究竟。没想到，第五研究员陆桂香出现了。又隔了一天，第四研究员黄雪芳也来了。原来怀疑的厂长和总工程师一直没有出现。时候到了，吴军决定收网，捣毁这个窝点。

吴军进到厂子里，看到十几个工人，第五研究员陆桂香也在其中。这时他心里的一块石头落地了，捉贼捉赃，现场抓获。

▲ 破案后缴获的乌金纸

这里有一整套生产乌金纸的设备，而且，生产流程和南京金线金箔总厂的一模一样。一桶桶黑色的胶水，经过化验，和乌金纸的涂料成分完全相同。现场还发现了刚做出来的乌金纸，和一部分非法销售所得。通过审讯，搞清了案子的来龙去脉。

原来是第五研究员陆桂香联合第四研究员黄雪芳作案。最初，她们是想盗窃配方，但是始终找不到下手机会。后来，就改为偷窃黑色涂料，和一部分乌金纸，送到上海某研究所，破译了乌金纸的成分后，他们就到外地偷偷生产销售。而那个徐老板，就是第五研究员陆桂香丈夫的哥哥。

幸运的是，乌金纸的秘方没有扩散，没有被境外机构窃取。他们只生产了半年，陆续销售收入 25 万元。经过法庭审理，陆桂香、黄雪芳因泄露国家秘密罪，分别被判处有期徒刑 3 年和 2年。

2011年春天的一个午后，北京市黑桥艺术区的一间工作室里，33岁的青年雕塑家黄彦开始了他的创作。以往他喜欢那些神秘而富于想象力，造型奇特的传统中国题材，而这一次，黄彦将完成一件写实风格的人像作品——蔡伦。

纸的故事

一、蔡伦造纸

蔡伦的时代已过去近2000年，他的形象无人知晓，唯一能确认的是蔡伦没有胡子，因为他是个宦官，但黄彦要塑造的是他想象中的蔡伦。

▲ 蔡伦画像

东汉时期的蔡伦来到一位当代艺术家的头脑中，起因十分偶然。

雕塑家黄彦说："因为要参加一个展览，我设计了几个方案，其中一个方案就是对世界进程影响比较大的人，我想查一下这些人的资料，网页直接跳出'影响世界的前一百人'，我一看，蔡伦怎么排得这么靠前呢？"

人类文明若按文字出现算起，已有5000余年的岁月。50多个世纪，不知有多少显赫人物湮没在漫漫的时间长河中。

美国学者哈特列出了影响人类历史的100个人物，并把他们按照影响范围、大小和时间长短进行了排序。排在前6位的依次为穆罕默德、牛顿、耶稣、释迦牟尼、孔子、圣保罗，他们是人类思想、科学、宗教体系的创始人，而中国造纸术发明者蔡伦排在第7位。

为什么纸的发明对文明如此重要？或许回到蔡伦之前的时代才能找到答案。

在纸发明之前，人类使用着各种各样的书写材料，在中国，使用最普遍的是简牍。

制作竹简，要刮去青色竹皮，放在火上烘烤，以防止腐坏。字迹通常写在竹皮的一面。竹简长短不一，短的20厘米左右，长的则有半米。单根的叫简，用麻绳编连起来称为册。

汉朝，文人官吏都有一把书刀。书刀，春秋时称“削”，是文人官吏用来修整简牍，删除字句用的，刀笔并用，以至后人将文职官员称作“刀笔吏”。

1975年，湖北云梦睡虎地墓葬群，当考古人员打开一个简陋寒酸的墓棺时，发现两片木牍上竟然写着两封来自战场的家书。这是中国已知最早的家信。写信的是墓主人的弟弟惊和黑夫。他们正在攻打楚国的秦军部队中服役。

“母亲身体是否安好？黑夫、惊都平安无恙。前天我们刚刚分别，今天又相会了。”

▲ 竹简

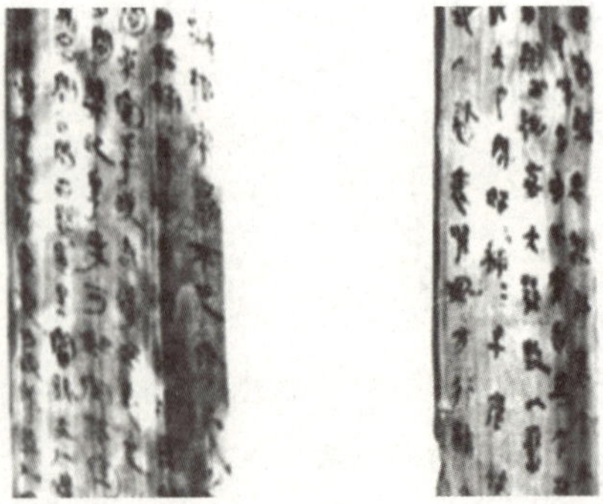

▲ 写在木牍上的家书

“借垣柏的钱已经用尽，假若再不寄钱过来，恐怕就要饿死了，急。急。急。”

在没有纸张的年代，信件通常写在木牍上。木牍上还需要捆上木板，写上收信人的姓名地址，并且敷上封泥、加盖封印，相当于现在的信封。

小小的木片所能书写的内容显然有限，封装和传递也不够方便。但相比学者的著书立说，这算不上什么麻烦。

司马迁写《史记》时曾游历名山大川，遍访胜迹采集史料。如果司马迁将所有这些记在脑子里，回家后再写到简牍上，那么他需要计算机一样准确、过目不忘的大脑。如果不是这样，当他千里迢迢返回长安时，恐怕需要用牛车来运载他的笔记。

《史记》洋洋洒洒52万字。如果把这些内容全部写在简牍上，至少有1吨多重。

中国人使用简牍的时代在将近2000多年前就逐渐结束了。很难想象，如果那个时代延续至今，文明史还能否是今天的样子？

2008年，中国国家图书馆新馆落成，建筑面积达8万平方米，国家图书馆收藏书籍自2005年起已超过2500万册，是世界第三大图书馆。假如馆藏书籍全部写在竹简上放入新馆中，需要将这栋庞大建筑盖到630千米高才能把所有竹简放进去。

▲ 中国国家图书馆

▲ 贵州省印江县合水镇保留了古老的造纸工艺

贵州省梵净山脚下的印江合水镇，如今仍保留着古老的造纸工艺。当地人认为他们沿袭了蔡伦的造纸方法，一些蔡姓村民甚至认为自己就是蔡伦的后裔。

在合水镇，随处可见废弃的石槽，这是当年用于抄纸的工具。早年间，这里造纸作坊鳞次栉比，造纸业兴旺发达。当地人说，合水镇从元末明初已开始造纸。鼎盛时期曾有几百户人家以此为生，所造纸张行销四川、湖南、广东，甚至东南亚各地。

清朝以来，这里一直保持着一个传统，造纸的人家，通常都要加入一个行会组织——蔡伦古法造纸协会，当地人称之为蔡伦会。

蔡文举是合水镇蔡伦会会长。16 岁跟随父亲学习造纸，从此以造纸谋生。他从父辈那里得知，是他们的先人将蔡伦的造纸术带到合水镇，而且，先人与造纸的祖师爷蔡伦之间可能存在着某种联系。在他们的香火上，都有蔡伦先师之位。

与普通人不同的是，合水镇的蔡姓人家会在“蔡伦先师之位”前加上“先祖”两字。

在中国的四大发明中，造纸术被认为是典型的技术发明，中外学者极为推崇。而蔡伦因为什么发明了纸？他的思路又是从何而来？

经过反复构思，黄彦想塑造蔡伦的晚年形象，为此他查阅了有关蔡伦的各种文献，发现这位造纸业的鼻祖，在正史中的记载还不够写满一张纸。《后汉书》仅用 281 个字描述蔡伦，说他在东汉皇宫任宦官，最后升到龙亭侯的高位，他“有才学，做事认真”，为了陈述得失的道理，多次触犯皇帝。

黄彦是湖南省永州市人，他的出生地距所传蔡伦的故乡湖南省桂阳县，今天的耒阳市只有 120 多千米，天然的亲近让他更容易借助地域的因素揣摩蔡伦的长相气质。

汉朝，在秦以后第一个走过完整生命周期的大帝国。纸在这时出现似乎并非偶然。

“大风起兮云飞扬，威加海内兮归故乡，安得猛士兮守四方”，这是汉高祖刘邦的著名诗句。但高祖的继任者发现，他们需要的不仅是守卫四方的猛士，更需要支撑起国家日常运作和管理的官僚集团。汉初实行“与民休息”政策后，帝国人口空前膨胀，徭役赋税与户籍的记录和管理工作越来越繁重庞杂，对书写材料的需求陡然增加。

▲ 中国古老的丝织机

西汉在京师长安设最高学府太学，以五经博士为教官向学生讲授儒家经典，考试及格者授官。到东汉时期，首都洛阳的太学生数目最多时达 3 万余人，是当时世界最大的高等学府。而大量抄写教材的需求呼唤书写材料的革命。

在人类早期发明史上，众多伟大的发明都受到更早、更成熟技术的启发。杭州的中国丝绸博物馆保存着几台古老的丝织机。中国的丝绸织造技术远远早于纸的发明，学者们推测，纺织技术很可能是蔡伦灵感的来源。

中国人用绢帛书写历史悠久。蔡伦心目中的纸应该像它一样，但纺织耗工耗时，工时原料加在一起异常昂贵。因此，蔡伦要找到极为廉价的原料，做成一种无须纺织的织物。

▲ 工匠抄纸

我们把一种仿古麻纸放大数倍时，可以清晰地看到无数切短的纤维无规律地交织在一起，而不是像纺织品那样经纬纵横。这就是造纸发明最富于创意的地方。对于 2000 多年前的蔡伦来说，最大的难题在于，如何才能做到这一点。

合水镇的工匠们认为，造纸术最难学的是抄纸。抄纸时将纸帘放入纸浆中，当纸帘上漂浮了一层薄薄的纸浆后，便小心翼翼地端起来，这时，纸浆短小的纤维自然纠结在一起，就像不经过纺织而做成的织物，这就是纸。

东汉许慎的《说文解字》，对于“纸”这个字的解释是一帘子絮状物，而对另一个与“纸”近似的字则解释为丝的渣滓。

丝绸由蚕丝织成，蚕茧在锅中蒸煮后，将蚕丝从蚕茧中抽离出来。一些断掉的和短的蚕丝会落到锅底，而蚕茧中的丝胶在蒸煮后也溶在水中。丝本身不会黏结，但有丝胶时，就会互相黏在一起。水干后，沉淀的蚕丝在锅底结成一片，这或许就是蔡伦心目中的纸。他的问题是需要找到一种远比蚕丝廉价的造纸原料。

汉朝，中国人还没有种棉花，富人穿丝绸，而大多数人穿麻织的布。蔡伦选中的原料正是人们废弃的麻布头和渔网。然而蔡伦并不满足，他又找到了资源量更大的天然造纸材料：树皮。

《大汉舆服志》中记载：“东京（洛阳）有‘蔡侯纸’。用故麻名麻纸，木皮名榖……”榖，就是楮树。

发现树皮可以做原料是蔡伦的又一大贡献，这为后世工匠们开发更广阔的原料来源、改进纸的质量打开了灵感的大门。

今天合水镇完整的造纸流程共72道工序。合水镇一些人家的造纸工艺在某种程度上或许真的比较古老，与专家们研究复原的汉朝造纸工艺一一对应，确有形影相随，息息相关之处，但在抄纸的技术上，两者却表现出了较大不同。

合水镇工匠们抄纸，使用的是可以折叠的抄纸帘，可以轻易地让半湿的纸脱离纸帘。而汉朝用的抄纸器无法卷曲，只得将纸留在纸帘上在太阳下晒干。

20世纪初，美国造纸史专家亨特来到中国，在广东省佛山市拍摄到了这种古老的抄纸帘，收录在他的著作《造纸术——它的历史和远古的技能》中。亨特推测，这可能是抄纸器最早的样子。

年复一年，造纸术在一代代工匠的手中成熟起来。最终解决湿纸粘连难题的，是后代工匠们发现的用野猕猴桃藤、沙松树根等植物根茎制作出来的液体："纸药"。

其实在蔡伦发明纸之前就有一些古老的文明在享用着轻便的书写材料。

▲ 用树叶制成的经书——贝叶经

古埃及人一直在莎草片上书写，埃及尼罗河畔长着成片的莎草。将莎草茎剖开压扁，互相交错捶实，莎草茎就黏合成一片。在上面可以书写和绘画，后来欧洲人和阿拉伯人也都用它作为书写材料。欧洲人的"纸"字就来自于古希腊人对埃及莎草片的称呼。

现在西双版纳的佛寺里，僧人们还在使用一种树叶制成的经书——贝叶经。这种书写材料来自古印度。据考证，玄奘赴印度取回的经文，其中一些就是写在贝叶上。

西双版纳傣族村寨普遍有佛寺，佛寺周围常能见到叫贝叶棕的高大乔木，它原产于印度，后来随佛教移植中国。

贝叶棕的树叶宽大而柔韧，至少在2500多年前就被用来制作经书。在云南傣族聚居地区，这门古老的技艺流传至今。

僧人们将贝叶放入烧热的淘米水，酸角果实连同枝条也放到锅中，利用酸性物质使贝叶易腐烂的表层脱落。经过24小时蒸煮，贝叶变成淡淡的青白色，晾干压平后就可以用来书写。

僧人用特制的铁笔，将傣文的佛经逐字刻写上去。

刻好的贝叶再经过几道工序处理，可以保存数百年不坏。在纸的文明到来之前，这些贝叶文献，不仅记载了佛教经典，更成为傣族历史文化的重要传承工具。

但无论是贝叶还是莎草片，都不能算是纸。纸和它们最根本的区别在于纸不是原生态植物，而是一种人造材料。

农历3月17日，是蔡伦的诞辰日。合水镇蔡伦会每年这一天都要祭祀先

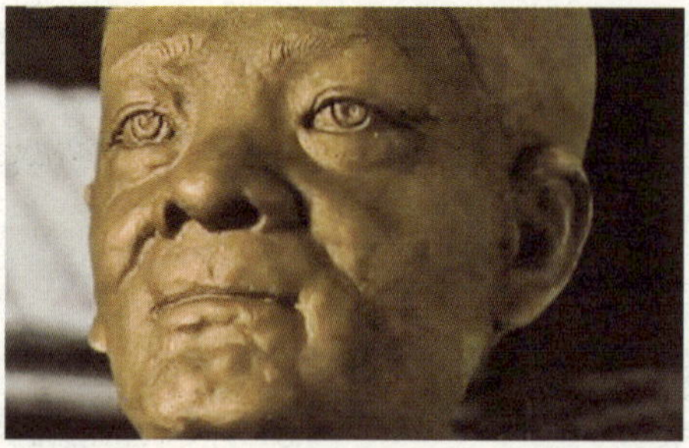
▲ 蔡伦塑像

师。蔡伦的牌位没有用木牌，而是专门选用当地生产的白皮纸制作。世代造纸谋生的人家，一齐跪拜叩首，感谢蔡伦发明和传授手艺的恩德，祈求一年生意兴隆。

黄彦创作的蔡伦雕塑已进入尾声，黄彦强调，他不可能还原历史，他的作品是精神上的蔡伦，带有强烈的主观想象色彩，是蔡伦个性和生命历程的写照。

《后汉书》记载：蔡伦一生在内廷为宦官，先后侍奉过 4 个皇帝，投靠过 2 个皇后，过人的谨慎，使他在残酷的皇室内部倾轧中得以周旋。

就在蔡伦的权位处于顶峰之际，汉安帝亲政，蔡伦因早前参与迫害汉安帝祖母的案件，皇帝勒令他亲自到司法机关认罪。蔡伦不肯接受这样的羞辱，他沐浴身体，整理好衣冠，饮毒药而死。

二、造纸的旅程

时光荏苒，在蔡伦发明造纸术 200 年后，西晋元康六年，也就是 296 年，出现了一部手抄本《诸佛要集经》，西晋还留给后人一部《平复帖》，它们的共同之处，在于都是已知最早的写在纸上的手抄本和书法真迹，在 200 年里，纸这种最终将改变世界的新型书写材料，却还没有替代古老的竹简、木牍和绢帛，难道那时的人们如此的保守，以至于宁愿死抱住沉重的简牍和昂贵的绢帛，而无视纸的优越吗？

▲ 东巴文象形文字

中国西南的丽江市，积淀着许多古老的事物。在新东巴传习学校里，学生们使用着东巴纸做成的课本，课本上写的东巴文是世上罕见的至今仍在使用的象形文字，东巴纸来自86岁高龄的闵尚群老人的造纸作坊，他的某些技艺似乎可以追溯到说不清的遥远年代。

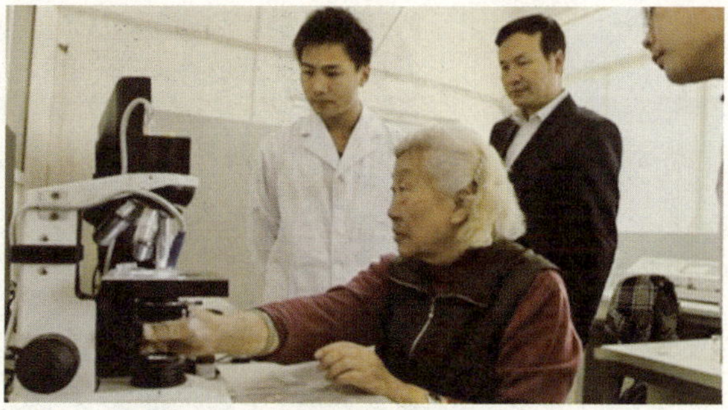

▲ 专家王菊华对晋朝古纸做显微镜鉴定

老人的抄纸方法非常独特，他把纸浆倒在纸帘上，然后用手指把纸浆弄平。贵州省合水镇的抄纸工匠，是在盛纸浆的水槽里轻轻晃动纸帘，让水将纸浆自然均匀地散布在纸帘上，抄出的纸平展光滑。闵尚群老人将水拎干，便揭下纸晾晒，虽然用鹅卵石做过磨平处理，但成品仍比较粗糙、厚硬，很难断定在造纸术发明之初，造纸师傅们都这样抄纸，可以推断，那时的纸似乎还没有完美到让人们趋之若鹜，在造纸术出现200年后的晋朝，纸突然开始全面代替简牍。

1700年后，在北京科技大学的一间实验室里，中国制浆造纸研究院的研究员，80岁的王菊华和专家们要对晋朝的古纸做显微镜鉴定，他们想弄明白，这些古纸是用什么原料制造的，晋朝的纸到底出现了什么变化，让那时的人最终扔掉了使用近千年的古老简牍。

他们将碘氯化锌染色剂混合到纸样碎片中，显微镜下不同种类的纤维在碘氯化锌的作用下，会呈现不同颜色，在这片晋朝古纸上，王菊华看到了酒红色的纤维，说明是用了最古老的造纸原料麻，她还发现了一些颗粒状物质。王菊华说，从纸面观察，它是涂布加工的，涂料里有胶料，也有一些矿物颜料。

在电子显微镜下，可以看到纸的纤维之间有缝隙。当墨点上以后，墨汁就钻到缝隙里边去，结果写字就洇。王菊华提到的涂布技术，是将矿物粉末与胶料混合，均匀地涂刷在纸面上，这样的纸结实、平滑，适于书写。使胶以后，缝隙被填住了，写字就不会出现洇的现象。专家们推断，涂布技术的

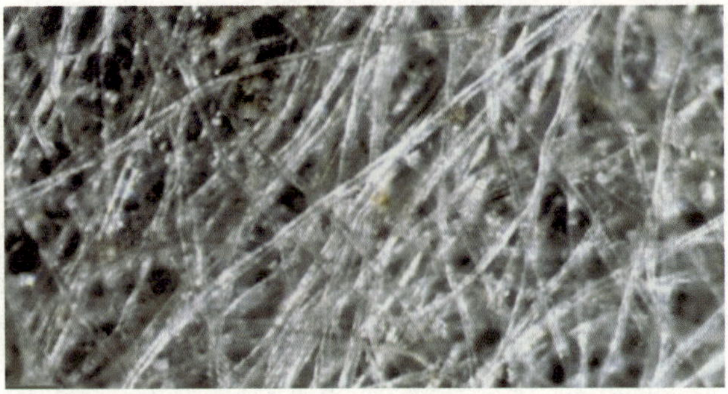

▲ 显微镜下纸张纤维间有缝隙

▲ 竹子成为造纸的原料

发明应用，抄纸方法的改进，使得纸张表面平滑、紧薄而均匀，终为人们接受。晋朝之后的南北朝，是纸第一次大普及的时代。造纸术的传播，很可能取决于工匠们能否在当地找到可以用来造纸的原料，他们一定会将目光投向资源量最大最容易获得的廉价植物。

浙江省温州市的泽雅，气候湿润，山上长满大片竹林。最早对于造纸法碎细的叙述是明末宋应星于1637年所著的《天工开物》一书，书中《杀青》篇章便有工匠砍竹，为造纸备料的插图，竹子与树皮不同，它坚硬致密，很难将其中的纤维分离出来。

今天的泽雅人是用石灰来处理竹子的韧性，新鲜竹子被放在石灰水中浸泡3个月，将竹料沤软沤透，经过石灰水长期沤泡，竹料中的木质素被去除。

2009年3月，在离泽雅不远的浙江省富阳区，考古学家发现了一个面积达2万多平方米的宋朝造纸遗址，在发掘出的抄纸槽舂捣用的石臼旁，专家们发现，这里制造的正是竹纸，于是在宋朝造纸遗址、晚六七百年成书的《天工开物》和今天的泽雅之间，我们看到了一个代代相传的技艺。

古人造纸原料不仅有竹子，还有桑树皮、青檀树皮、野生藤皮，甚至稻草也被用来造纸，凭借着这些重大的技术突破，造纸术得以在中国覆盖着茂密竹林的南方和西南方迅速传播，因地制宜地渗透到每一个适宜造纸的地方。

西晋时期一位叫左思的文学家，历经10年创造了一部《三都赋》，一时在京城洛阳广为流传，人们竞相传抄，竟导致纸价上涨，这就是“洛阳纸贵”的出处。可见，在西晋用纸传抄文章、书籍已相当普遍，纸张的普及使造纸成为一门赚钱的行业。后魏农学家贾思勰在《齐民要术》中的一段记述很像今天的电视节目《致富经》：褚树的树皮可以造纸，种植楮树可以直接出售原料，也可以剥了及蒸煮后再卖，这样能多挣钱，如果自己能造纸，就挣得更多。字里行间让人看到，至少在1400多年前，就出现了一条从原料种植到造纸加工、销售分工明确的产业链。蔡伦的造纸术不仅为人们提供了新型的书写材料，也创造了一个新兴产业。今天这里的人们，仍以传统方法造纸。造纸季节，漫山遍野铺满金黄的纸张，当地人称这里为纸山。

当地民众家谱记载，宋末元初，福建北部地区的民众，为避战乱，迁徙到泽雅，泽雅地区山形陡峭，平地稀少，靠种植粮食养活家人几乎没有可能，初来乍到的移民，将目光移到当地盛产的竹子上，于是他们重拾在福建老家时的造纸营生。得天独厚的茂盛竹林，加上到处可见的溪水，使得泽雅很快成为一个造纸重镇。鼎盛时期，泽雅造纸人家近10万人，占当地人口的八成。

在纸张发明之前，中国人使用简牍书写的历史久远，为方便右手写字，竹简从右向左展开，顺着竖放的简书写，这一习惯影响深远，以至于纸张取代简牍之后，人们仍沿袭上下竖行，从右向左的书写传统，竹简上书写的字体，产生于秦朝和汉初，被称为篆隶。篆隶风格古雅，却略显拘谨，远没有后来的行书、草书洒脱，也许是因为它们最初被限制在狭窄的竹片上。

今天的书法家早已不再为书写空间狭小而苦恼，由纸张带来的阔大篇幅，

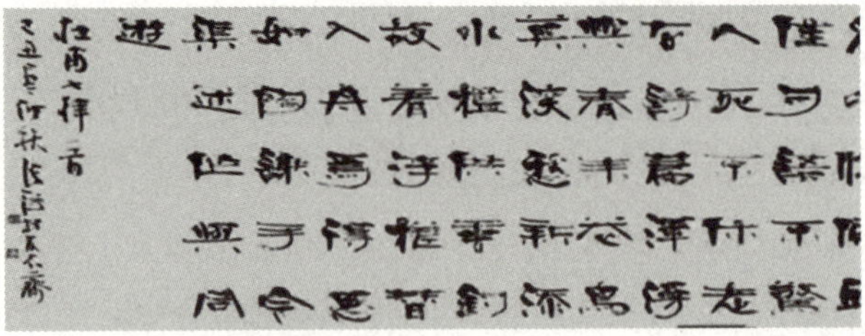

▲ 书法家张海的草隶书法作品

可以任他们尽意挥毫。纸张经过不断改进，其受墨性远远超过竹木等材料，为书法家施展才华提供了更大的表现空间。

中国书法家协会主席张海说：“纸，特别是宣纸，跟竹简和绢有很大不同，竹简根本不会升华，墨只能表现出一种色彩，绢比竹简进了一步，但是它仍不能表现出墨的各种变化，只有发明了宣纸以后，墨的浓淡干湿，才能在宣纸上真正表现出来。”

张海的草隶书法作品，将汉隶与行草书等几种书体相互结合，形成草隶书。千百年来书法家们就这样在纸上展现个性，创造出与众不同的字体和风格。

魏晋南北朝时期，书法家已开始青睐纸张，而纸张质量的不断改善，也给了他们更多选择。浙江省兰渚山下的兰亭，因为王羲之的《兰亭序》而被尊为书法圣地。王羲之偏爱用纸张创作书法，史记记载：“王羲之书《兰亭序》用蚕茧纸，纸似革而修也”。353 年 3 月 3 日，王羲之用蚕茧纸书写的 324 个字，成了后世不可逾越的高峰，被推为“天下第一行书”。可惜当今的人们只能看到摹本，而无法欣赏真迹。痴好《兰亭序》的唐太宗用最极端的方式处置了它：为自己殉葬。和《兰亭序》一起埋入历史的还有蚕茧纸的秘密。

▲ 兰亭

王菊华说，史书上有蚕茧纸的记载。蚕茧纸究竟是用什么原料和工艺制造，成了许多人关心的问题。因为它代表了晋朝书画用纸的演变与进步。后人评价兰亭序“遒媚劲健，绝代更无”，是否与蚕茧纸的特性也有一定关系?

1998年，王菊华有了揭开这个谜题的机会。浙江图书馆刘慎梅老先生珍藏有明朝的蚕茧纸，他邀请王菊华对此做纸样鉴定。经鉴定蚕茧纸并不是蚕丝做的，是构皮纸。它有一层胶衣，成纸后，纸发亮，就像蚕茧一样，是根据形态命名的纸的类型。王羲之生活的晋朝，也存在大量构皮纸，构皮就是楮树皮。王菊华由此推测，王羲之《兰亭序》所用的蚕茧纸有可能就是构皮纸。较之普通的皮纸，蚕茧纸对打浆和抄纸环节要求更高。纤维像蚕丝那样细，纸像蚕丝那样白，在这种纸上画画、写字流利自如，又有一定强度，当王羲之酒醉后挥毫书写千古名篇《兰亭序》时，蚕茧纸功不可没。

而随着技术改进，不同品种的纸张不断被创造出来。潘吉星教授从事造纸史研究50多年，他珍藏着各个时代纸张样本。其中一份经卷对于潘吉星老人来说显得尤其珍贵。20世纪六七十年代，刚刚从事造纸史研究的他，一直为无法获得用于实验的古纸样本而苦恼，他便到各地文物商店搜寻，在北京琉璃厂的一个店里，他发现了来自敦煌藏经洞的写经。购买回来的这份卷轴装写经，经鉴定是敦煌藏经洞藏品，年代大概为7—8世纪，经过分析，纸张是桑皮纸。这件历经1200多年历史的写经，如今墨迹仍旧清晰，纸张光亮如初。

在蔡伦发明纸以后，一代又一代的人为纸张质量的改进而努力，其中面临的一个问题是如何防蛀。经过特殊加工的纸张，被称为黄纸，出现于魏晋时期，染黄所用的染料是中草药中常用的一种药材黄檗，它还有着特殊的功用。黄檗含有一种生物碱，叫小檗碱，有消毒防蛀作用。经过处理的纸张，不仅能够驱虫防蛀，而且不刺眼，适宜长时间阅读。染黄纸普遍用于政府文书和读书人的著书立作，但使用最多的是用来抄写佛经。两晋南北朝时期，由于统治者的大力提倡，传自印度的佛教思想在长江南北广为流传，寺庙里需要大量抄写佛经。那时，纸本文献的复制只能依靠手工抄写，被称为写本时代，那个时代存在着一个以抄书为生的行业，古人称佣书业，一些贫穷的读书人受雇为政府、私人、书商、寺观等抄书，这些抄书生普遍有文化而擅

▲ 敦煌《金刚经》

长书法，依靠这一技之长养家糊口。这些抄在纸上的抄本，也使得书籍从国家图书馆和少数学者的书斋里走向了更广阔的民间，而这对文明的繁荣至关重要。但纸的黄金时代依旧没有来临。在英国伦敦的大英博物馆，收藏着来自中国敦煌藏经洞的纸质文献，其中尤其珍贵的是一部《金刚经》，其独特之处在于它是印刷品，刻印于 868 年，刀法细腻、图文精美，说明雕版印刷术在唐朝已成熟。

黄小建是杭州市的雕版印刷专家，在他的手上这种古老的印刷术成为一门精湛技艺，他选了一块质地坚实、纹理细腻的梨木整板，木板上黏了带有字迹的薄纸，留下来反向的文字，这是一件细致入微的工作，稍有不慎就会刻坏，造成整块雕版作废。刻完一张整版，将油墨均匀地涂抹在雕刻面，把宣纸平整地铺上，用软刷在纸背反复刷，一张纸质的雕版印刷品就完成了。在古代的印书铺，一个熟练工匠每天最多能刷到 2000 页之多，印刷可以大批量复制，不知道比抄写快多少倍，但是刻制雕版很费成本，印刷一本书往往需要几百块刻板，好几年才能刻完，这种困境直到宋朝有了活字印刷才得以解决。活字印刷多了排版的工序，温州瑞安的几位手艺人，掌握着传统活字印刷的全套技艺。他们可以在密密匝匝的字框里，迅速找到想要的那一个。印刷术引发了复制技术的效率革命，宋朝纸质书籍的数量以惊人的速度增长，不到 20 年时间，仅大宋中央政府的出版物就增加了 25 倍。

今天的泽雅人依然在沿用古老的动力工具水碓，在传统造纸中，水碓用来推动沉重的舂捣工具，砸碎原料纤维。世界上不同地方的造纸工具，不约而同地使用了它，却很难说清是谁最早用它来造纸的。

没有资料考证，泽雅人从何时开始使用水碓，在一座水碓作坊的墙壁上，保留着一块清朝石碑，碑文用泽雅方言记述了乾隆五十五年，村中 7 人合伙

▲ 制作传统油纸伞

建造水碓的事情。水碓是大型的造纸工具，单人独户难以承建。新中国成立初期统计，泽雅共有555座水碓，如此大规模地使用水碓映射出蔡伦留下的产业在离今天不远的时代，还曾在中国大地上繁荣兴旺。

今天，商店中各种现代雨伞琳琅满目，浙江省余杭区77岁的老人孙水根，仍在兢兢业业地用祖上传下来的手艺制作油纸伞。用篾条做伞骨，用纸做伞面，在纸上刷上桐油，油纸伞这个纸的附带发明，在上千年里，由中国传遍了世界。

自纸被发明以来，人们发现纸的用途远不止用来书写绘画。在包装或糊窗户方面，纸的需求量有可能接近书写。纸在不同的人手里，不同的文明中发展出了千百种用途。由于使用年代久远，生活中无处不在，倒让人很难察觉到，它在多大程度上改变了我们的生活，然而纵观历史，我们的生活确实被纸改变了。

三、造纸术的传承与发扬

82岁的胡继高先生是著名的文物保护专家，对挽救敦煌壁画、马王堆汉墓漆器和银雀山汉墓竹简做出过重要贡献。他的另一个身份是画家，著名国画家李苦禅先生的弟子。跨界身份让他比一般画家更重视对绘画材料的研究，他常常讲到一个故事：古代皇宫要裱糊字画，请来4个裱糊匠，朝廷用葫芦来考验4个人的技艺，命他们将纸裱糊在葫芦的内壁上。4人中只有一人愿意尝试。他将一些散碎瓷片放入葫芦里，几番摇晃，得以抛光葫芦内壁。然后将棉纸捣成纸浆注入葫芦内，轻轻摇匀，竟然把纸糊在了葫芦里边。这个故事出自清朝杂史《京师偶记》。胡先生经常借用这个故事告诉他的学生，精通

▲ 五代顾闳中的《韩熙载夜宴图》

▲ 北宋张择端的《清明上河图》

材料秉性对文物保护和绘画至关重要。

胡先生是中国文物界最早培养的留学生，1956年他被选送到波兰哥白尼大学攻读文物保护专业。他在国内上过美术专业，在波兰继续学习素描、油画、水彩画和版画。6年后，他获硕士学位回国，拜在国画大师李苦禅先生门下学习中国水墨画，从此与毛笔、宣纸相伴一生。

有时为创作工笔画他也会选择另一种材料绢。在中国历史上，用纸作画较晚，而绢画却源远流长，从隋朝展子虔的《游春图》到五代顾闳中的《韩熙载宴图》，再到北宋张择端的《清明上河图》都是绢本。绢本是绘在绢、绫等丝织物上的书画，绘在纸上的叫纸本。工笔画是中国绘画出现较早的形式，魏晋时期已经有很高的成就，东晋顾恺之的《女史箴图》正是那个时代的作品。

▲ 唐朝画家韩滉的《五牛图》

20 世纪 70 年代，故宫博物院委托造纸研究专家王菊华所在的研究所，对一幅唐朝古画进行科技分析，那幅名为《五牛图》的唐朝画作是故宫博物院的重要藏画，被列为中国十大传世名画。它曾流失，1950 年，周恩来指示文化部，用重金从香港购回，成为故宫的镇库之宝。《五牛图》是唐朝画家韩滉的长卷作品，体现了画家很高的造诣。更重要的是《五牛图》是现存最早的纸质画作，从某种意义说，它成了中国绘画用纸历史的开篇之作。《五牛图》曾多处受损，于 1977 年接受修复。修复中掉落的毛屑虽细小却可以揭开大画家韩滉用纸的秘密。显微镜下，《五牛图》画心部分被鉴定为经过涂布处理的桑皮纸，桑皮纸主要原料是桑树皮，它柔韧而易吸水，今天画家很少用它来作画，《五牛图》很可能是一个里程碑，它标志着画家们开始接受纸了。

安徽省泾县是闻名遐迩的宣纸产地，生产宣纸的历史可以追溯到晚唐时期。已 83 岁的黄学高老人是宣纸厂的老检纸师傅，检纸是宣纸制造中的最后一道工序，黄学高对宣纸制造的各个环节了如指掌，一眼就能看出纸张的优劣、品性，甚至原料的构成。为验证宣纸的好坏，黄师傅经常在宣纸上试墨。

当墨完成了在纸上的游走，一种浓淡相宜的艺术效果呈现了出来，这就是国画艺术中所讲的晕染。一代代宣纸工匠们为满足画家的要求，

▲ 著名画家胡继高的写意画

不断改进纸的特性，宣纸又反过来影响了中国绘画独特的风格、秉性。

国画作品大都属于泼墨写意画，今天的画家都知道生宣纸最适合泼墨写意画。宋朝以后随着泼墨写意画的兴起，纸本画明显增多，画家对纸也提出了更高的要求。中国绘画史上纸的时代终于到来。

由于历史的原因，宣纸也曾经历了一段低迷，1981 年，画家李可染当选为中国画研究院院长，他曾透露过对宣纸质量的无奈：为挑选一张上好的宣纸，有时要花上一二个小时。

早年宣纸厂曾采用化学工艺造纸，李可染先后 4 次给泾县宣纸厂厂长写信，希望他们采用传统古纸制作工艺为其制作 1000 张宣纸。李可染对宣纸的要求极为严格，他详细罗列出对于宣纸制作的 6 点要求，放在第一位的是要求原料不用化学漂白。他希望造纸厂回到传统的方式：日光漂白纸。原料处理极为关键，几百年来，泾县纸都是用青檀树皮和稻草置于石头、山坡上。任由日晒雨淋，直到树皮和稻草自然褪色。用自然方法造出的纸，纸质极佳且千年不变质。但这种方法需要耐性，原料晾晒必须 1 年以上。于是泾县纸厂开始了传统试制。经李可染一次次在纸上测试墨色的浓淡干湿，最后终于可以制专用纸了。根据李可染的要求宣纸厂又制作了带“师牛堂”字样的抄纸帘，师牛堂是李可染给自己画室起的名字，当他收到宣纸厂送来的师牛堂纸张后，欣然提笔，赞扬纸张白细柔软，着色后墨色鲜润，干湿浓淡皆宜，平不皱缩，实为难得的佳纸。

▲ 著名画家李可染作画

纸在中国文化中扮演着很难说清却极为重要的角色，纸在中国以外的文化中是否也扮演着同样重要的角色呢？

在日本山梨县一个祠堂中，供奉着制纸三圣像。画卷正中是“以渔网始作纸”的蔡伦，右侧是当地的一位造纸能手，左边是被奉为日本造纸祖师的一位僧人，名叫昙徵。

在中国两汉时期，日本由许多部落小国割据，连年征战。5 世纪，大和国迅速兴起，完成了统一列岛的大业。社会的稳定带来了文化的发展，来自中国和朝鲜半岛的书籍、写本第一次出现在这个岛国。但是在当时的日本，还没有人懂得造纸。

610 年，僧人昙徵自高丽国渡海而来。相传昙徵学识渊博，不但精通佛学，还善制纸墨。日本的摄政王圣德太子对造纸非常热衷，下令派人跟随昙徵广种楮树，学习造纸。但一些历史学家认为，民间流传的昙徵造纸事迹可疑。

90 岁的久米康生是日本著名的纸史专家。在从事和纸研究的 30 多年中写有专著 40 多部。久米先生提出，日本造纸应该开始于昙徵之前。

▲ 日本祠堂供奉的制纸三圣像

造纸术发明近 800 年之后，大约在中国的隋朝传到日本。当时他们仍沿袭着中国汉朝时候流传下来的造纸方法。在后来的漫长岁月中，这个善于学习和融合外来文化的民族将会给造纸术带来怎样的变革呢？

琦玉县位于日本关东平原中部，东京都之北。从 1000 多年前的平安时期就以出产名为“细川纸”的手工纸闻名。在琦玉县小川町一带的山野中，生长着一种非常普通的落叶乔木，学名楮树。

造纸术传入日本后，工匠们很快发现楮树是一种上好的造纸原料。造出的纸质地结实，有光泽。于是日本在全境推广种植楮树。小川町从那时开始了千年造纸的历史。

有着 1300 多年造纸史的东秩父村，早在平安时期，这一带就开始向朝廷进贡纸张。所产细川纸手感柔软，但质地强韧。它独特的制造技术被日本政府列入了“重要无形文化财产”加以保护。

在造纸术传入日本100多年后，被称为“流漉法”的造纸技术被创造出来。它使用特别配制的纸药和特殊的抄纸方法，奠定了日本“和纸”制造技术的基础。

“流漉法”与传自中国汉朝的“积滤”抄纸法有着根本的不同。它对抄纸工匠的技艺提出了更高的要求。纸张的质量全凭匠人对纸浆颜色和重量的感觉来调节，掌握这种感觉非常困难。

平安时期，造纸术已传遍日本。对于推动文化的普及与交流产生了难以估量的影响。纸的大量生产使识字的人越来越多，有人利用汉字创造了日本的文字，从此这个国家开始以自己的文字记录历史。以“流漉法”为特征的日本纸完全成熟后，他们用自己民族的名字把它命名为“和纸”。

以楮皮制造的和纸厚实、坚韧，是用于门窗的上选。除此以外，和纸还在更多方面进入了日本人民的生活。从包装、装帧、折扇、雨伞，到服装、家具、工艺品，无所不在。

2世纪，以蔡伦上奏汉廷用树皮、破布和渔网造纸为标志，中国人开启了一个书写材料的新时代。此后，在800年左右的时间内，从毗邻而居的越南、朝鲜和日本，远到东南亚地区，都陆续掌握了造纸这门古老的手艺。然而，造纸术向西方的传播却远远没有那么顺利。在通往中亚、欧美各国遥远的旅途中，造纸术的故事，还在继续。

四、中国造纸历史比阿拉伯早600多年

西方人曾经一度认为，纸是由阿拉伯人和欧洲人发明的。虽然从中国元朝开始，陆续有传教士和探险家从遥远的东方传回信息，在他们撰写的见闻中提到过中国的纸。但很多人认为，那也是从欧洲或阿拉伯地区传到中国的。这样的认识一直持续到19世纪中期。

1877年，欧洲考古学家对埃及法尤姆等地的一些古墓进行发掘，出土了

一些阿拉伯文写本。写本的用纸出产于一个叫撒马尔罕的地方。化验结果表明，这批阿拉伯纸是用麻和桑树皮制造的，年代是8—10世纪。这个发现第一次颠覆了西方学者对麻纸源流的认识。然而这只是个开始。

20世纪初，维也纳大学植物学教授威斯纳收到一些古代纸质文书。文书来自中国西北地区，由著名探险家英籍匈牙利人斯坦因发现并带回欧洲。由于不能够确认这批文书的断代和文字的内容，斯坦因把文书的部分样品送到了威斯纳教授的实验室。

威斯纳教授对这些文书进行了化验。他惊讶地发现，这些中国纸与埃及法尤姆古墓出土的阿拉伯文写本一样，都是由麻和桑树皮做成。制造于3—4世纪，早于阿拉伯文写本600年以上。

于是，从欧洲到阿拉伯，再到中国。同样的原料，年代却越来越久远，结论几乎毋庸置疑，和欧洲学者们的常识相悖。聪明的史学家们沿着这条线索摸下去，终于找到了一个关键地方：怛罗斯河。

撒马尔罕是乌兹别克语，意思是肥沃的土地。早在7世纪，善于经商的粟特人就已经把撒马尔罕建成了一座都城。当年，这里是中国通向印度、阿拉伯和欧洲的必经之地，丝绸之路西线重镇。这里四方商贾云集，不同文化互相交融。唐贞观三年，西行的玄奘经过撒马尔罕，曾在这里短暂停留，讲经说法，传播佛教。

从撒马尔罕东行300多千米，进入哈萨克斯坦境内。在吉尔吉斯山脉和卡腊套山北坡，一条清凉的河水从山中流出。而说起它的名字，则会让很多历史学家为之一振。影响了东西方文明进程的怛罗斯河之战就发生在这里。

7世纪，中东的阿拉伯人迅速崛起。原本只是几个部落的阿拉伯人已扩张成一个横跨欧亚非三大洲的空前帝国，向西占领了整个北非和西班牙，向东则把整个西亚和大半个中亚揽入囊中。他们的下一个目标是继续向东。

此时的唐王朝也正处于前所未有的鼎盛时期。为了保证边境的安定，曾多次在西域用兵。伊吾、鄯善、高昌、焉耆等西域小国在几十年中或被迫投降，或被武力灭国。唐王朝从此建立了以安西四镇为核心的西域统治体系。

当阿拉伯人占领撒马尔罕继续向东，两大帝国在怛罗斯河相遇了。

751年7—8月间，唐军主将高仙芝率3万唐军出安西都护府，长途奔袭350余千米向阿拉伯帝国的军队发起进攻。起初，唐军步兵精锐占尽上风，但后来，唐军内部来自葛逻禄及拔汗那国的盟军倒戈，导致唐军大败。高仙芝仅率数千人逃回，1万多名唐军成为战俘。阿拉伯人将唐军俘虏押往撒马尔罕。

没有人会想到，这场惨烈的战争，竟意外地加速了中国文明向外传播。在怛罗斯河战后不久，中亚的第一个造纸作坊在撒马尔罕开工。

关于阿拉伯世界从什么时候开始使用纸，又是在什么时候学会了造纸，国际史学界一直存在争论。大多数学者认为，中亚地区的造纸术源自中国唐朝。而也有一些学者提出早在5世纪，撒马尔罕就已经造出了麻纸。太过久远的时空阻隔让这个问题的答案变得扑朔迷离。

在乌兹别克斯坦首都塔什干，历史学家卡比布拉夫对阿拉伯造纸技术史进行了深入研究，在一篇论述撒马尔罕造纸术起源的论文中，他披露了一个鲜为人知的故事。751年，在怛罗斯河发生了一场中国和阿拉伯人的战争，战争以阿拉伯取胜告终。中国一些造纸匠被俘，造纸术的秘密从此流传开来。

撒马尔罕盛产桑树和大麻，为造纸业提供了天然的资源。泽拉善夫河水穿城而过，还有一些水渠和风磨可以用。在中国工匠的指导下，撒马尔罕纸业迅速发展起来，所产的撒马尔罕纸很快名噪于世。一直被认为是世界上最好的纸。然而到了18世纪中期，撒马尔罕手工纸业却迅速衰落下去，几近死亡。

从18世纪开始，撒马尔罕附近的荒漠化问题日益严峻。造纸原料桑树和亚麻失去了土壤，导致造纸作坊纷纷搬迁。18世纪下半叶，来自西欧的机器造纸工业传入中亚，给古老的手工造纸业致命的一击。到19世纪初，这个地区已没有一家造纸作坊存在。

撒马尔罕城外有一个叫科尼吉尔的小村庄，这里保留着乌兹别克斯坦乃至整个中亚地区唯一一家手工造纸作坊。扎利夫先生是这个作坊的创办者。20世纪90年代，在联合国教科文组织的帮助下，扎利夫和他的伙伴们成立了一个名为梅罗斯的工匠组织，决定复兴18世纪的撒马尔罕纸制品。

依照古代文本中留下的资料，扎利夫和他的助手们很快用桑皮造出了纸，但是初期的产品非常粗糙，与轻薄光滑的撒马尔罕纸差别很大。

在源自中国汉朝的皮纸制造技术体系里，压榨、晾晒后的纸张一定要经过磨光才能成为成品。一直到今天，在中国的西藏、云南等地的造纸作坊仍在沿用这样的技术。8世纪，撒马尔罕工匠科加兹加斯对抛光技术进行了改进。放弃了鹅卵石，把海螺和大理石作为抛光工具。这个看似简单的改变极大程度地提升了撒马尔罕纸的品质。扎利夫和他的助手们终于成功地还原了中世纪阿拉伯造纸技术，揭开了失传近300年的撒马尔罕纸的秘密，使得已经死亡的撒马尔罕纸获得重生。

▲ 撒马尔罕城手工作坊用桑树皮造纸

10世纪的阿拉伯历史学家塔阿莱比在一本书中提及：撒马尔罕纸因其美观、合用、价廉，从而取代了以前用来书写的莎草和羊皮，对阿拉伯文明的传播起到了巨大的推动作用。虽然不能说是因为造纸业的发达，撒马尔罕才成为古代阿拉伯学术的中心。但正是因为有了纸，神学院的学生们才有了手中的经书。而普通民众也因此受益。

9世纪初，在巴格达街头出现了一种特殊的职业。一些工匠背着纸浆桶沿街抄纸售卖。如果顾客需要，他们会现场抄出一张纸，在太阳下晒干后，根据顾客口述代写书信。这种特殊的职业在巴格达曾存在了很长时间。

此后，造纸术沿着阿拉伯帝国东进的道路逆向传播。首先传到大马士革、般比因，然后到开罗，最后到达非洲摩洛哥的首都菲斯。10世纪后，阿拉伯

▲ 水生植物莎草

▲ 用莎草制作的书写材料

帝国疆域内的很多地方都学会了造纸术。而当时，地中海北岸的欧洲还在中世纪的黑暗中挣扎。

在纸传入欧洲之前，人们普遍使用莎草来书写。这是一种生长于尼罗河三角洲的水生植物。这种书写材料曾在古埃及、古希腊和古罗马长期使用。它的缺陷是易碎，不便携带。

公元前170年左右，地处小亚细亚的帕加马国王欧迈尼斯二世发明了羊皮纸。选用小山羊皮鞣制成革，再用鹅卵石两面磨光。但是羊皮纸造价太过昂贵，只有王公贵族和僧侣们才有条件使用。

而在10世纪的中国，竹子已经作为物美价廉的造纸新原料取代了木本植物。为满足书法和绘画的特殊要求，中国造纸工匠们造出了长达约16.67米的纸张。专供皇家使用的澄心堂纸，抄写佛经的金栗签纸也都在那个时代被发明出来。也是在那个时候，纸在中国开始被称为文房四宝之一。而在同时期的欧洲，普通民众却苦求一张麻纸而不得。

8世纪，来自撒马尔罕和大马士革的纸张进入欧洲之后逐渐取代了莎草纸，成为唯一的书写材料。然而善于经商的阿拉伯人却对造纸制浆技术秘而不宣，垄断造纸技术长达400年之久。一直到15世纪，欧洲的一些国家还在从阿拉伯国家进口纸张。

最终造纸术是怎样传入欧洲的，历史学家说法不一。1150年之后，欧洲的第一家造纸厂在西班牙萨蒂瓦开工，但是这家纸厂是由阿拉伯人经营。欧洲人最早在什么时候掌握了造纸术，已无法考证。

▲ 法布里亚诺按中世纪的方式造纸

地中海北岸有一个小镇，小镇一直以一种做工精良的水彩纸而出名，同时还生产全世界通用的钞票纸，它的名字叫法布里亚诺。

1268 年，法布里亚诺的第一家造纸工厂开工，一直到今天，这家造纸厂还在奇迹般地继续运行。这家工厂承担着印制欧元的工作，所以对外界完全保密。在造纸术传入欧洲之初意大利人是怎样造纸的呢？

在法布里亚诺纸和水印博物馆，工匠们正在按照中世纪的方式造纸。让今天的人们有幸得以看到古老的手工劳动方式怎样制造出欧洲最早的纸张。

但是在 700 多年的发展过程中，法布里亚诺的工匠们也对阿拉伯人的造纸术进行了几项极为重要的革新。他们用金属的打浆器研磨短纤维，把动物胶液加入纸浆以增强纸的密度，而最具特色的发明是他们率先在纸上制出水印，为他们的产品打上了标志性的烙印。

14 世纪之后，法布里亚诺纸因其显著的工艺特点迅速被意大利其他的造纸作坊所模仿，进而，欧洲的很多造纸厂都引入了法布里亚诺的造纸技术。从那时起，法布里亚诺纸和之前的撒马尔罕纸、大马士革纸一样，声名传遍了整个欧洲。

▲ 纸上制出水印

最晚不迟于 16 世纪，法国、德国、荷兰、英国、俄国等欧洲国家先后开办了造纸厂。美洲大陆在稍晚之后也引进了造纸术。1868 年，澳大利亚墨

▲ 金属活字印刷术发明者德国人古登堡

尔本的第一家纸厂开工。到此为止，从中国出发的造纸术，向世界传播的漫长旅行终告完成。

15 世纪中叶，德国人古登堡发明了金属活字印刷术。在后来的 50 年中，用这种新方法印刷了 3 万种印刷物，1200 多万份印刷品。欧洲文明进入了一个新的时代。虽然印刷术常常显得更为辉煌，但纸的发明对人类文明的推动是无可比拟的。

16 世纪之后，经历了文艺复兴和马丁路德宗教改革的欧洲民众对于文化和知识的渴求一天比一天强烈。从那时起，对于纸的需求每年以 10 倍，甚至几十倍的数量增加。然而造纸技术却没有任何突破性的进步。一直到 18 世纪之前，欧洲造纸业所用的造纸原料仍是以麻和破布为主。随着经济、科学、文教和印刷业的发展，耗纸量与日俱增，原料供应短缺的状况越来越严重。

1735 年，一本在巴黎出版的书中详细介绍了中国历史文化、风土人情，并配有插图。一些敏感的造纸作坊主在书中惊异地发现，中国的造纸术和欧洲有着很大区别。欧洲造纸操作比较繁杂，且只能做小纸张，中国可以造大的纸张。

当时，欧洲造纸业界并不知道，这种北方皮纸技术在中国宋朝以后逐渐被淘汰，欧洲却一直沿用了数百年之久。甚至一直到今天，一些造纸作坊还在使用。

曾经有个德国学者到中国来，看到造出的纸还是湿的时就能够被揭开而感到不可思议，他不知道这和纸药的使用有直接的关系。

早在唐朝，中国的造纸工匠们已经可以熟练使用杨桃藤、黄蜀葵等植物的根茎捣碎成汁加入纸浆让纸浆变得黏稠，这种黏性又有时效，抄好的纸张被放置一段时间，黏性消失，纸张就可以揭开了。这种黏液就是“纸药”。

在造纸术向西传往阿拉伯和欧洲的过程中，使用纸药的技术却一直被留在了东方。

宋朝以后，竹子以其价廉物美，产量巨大而取代了麻和藤，成为南方主要的造纸原料。除此以外，在中国，桑皮、楮皮，甚至稻草都可以作为造纸的原料。而欧洲的造纸作坊所用的几乎依旧是阿拉伯人从唐军战俘那里学会造纸时使用的原料。

1765年，在法国巴黎，两位来自中国的青年传教士高类斯和杨德望即将学成回国。临行前，他们意外受到了时任法国财政大臣杜尔戈的召见。杜尔戈拿出一份文件《给两位中国人关于研究中国问题的指标》，提出52项有关中国的问题，希望他们返华后帮助解决，其中4项与造纸有关，几乎囊括了当时欧洲造纸业无法解决的所有难题。

德国莱比锡书籍博物馆，原藏有一本名为《十八世纪中国造纸法图说》的画册，画册内有中国造纸图画27张，每一张图都附有说明。早在高类斯和杨德望还在法国就读期间，当时在华的知名传教士蒋友仁就已经在民间雇请画工将中国南方制造竹纸的过程详细地绘制并寄回法国。

竹制的抄纸帘、大幅面纸的抄造、各种各样的造纸原料，这些在中国已被使用了上千年的技术，在18世纪末的西方还是新鲜事物。

但没有人会想到，仅仅过了不到100年，师傅与徒弟的角色就发生了戏剧性的互换。19世纪中期之后，一场真正意义上的造纸术的革命即将到来。

五、机器造纸术的崛起

18世纪末，一场大革命席卷法国，起义军攻占了巴士底狱，国王和贵族们上了断头台。在这动荡的年代里，年轻的罗伯特却在一间陋室里潜心研究机械设备，他的发明将彻底改变已经被使用近2000年的造纸工具。

在日本东京纸博物馆，收藏着一台简陋的机器。它由一些滚筒和布帘组成，虽然看起来简陋不堪，却是历史上第一台抄纸机，现代机械造纸的鼻祖。

罗伯特的革命是将造纸术的关键工序抄纸机械化。10年后的1807年，两个熟悉罗伯特想法的英国工程师成功制造了一台改进版的罗伯特造纸机，从此蔡伦造纸的古老故事改由西方人续写。然而，旧的造纸原料再次成为技术革新的障碍。为了满足工业革命时代对纸的大量需求，必须找到一种能够大规模供应的新型造纸原料。欧洲的造纸业将目光投向了漫山遍野的森林。

2000年来，中国人一直使用麻、树皮和竹子作为造纸原料。原因是人们还无法从植物中分离出纤维。在被欧洲人称作科学世纪的19世纪，化学的突破性进展解决了这个难题。

短短50年内，从木材制浆、造纸机械，到烘干包装、产品运输，几乎所有工序全部完成机械化。而纸张的销售系统早已进入了发育成熟的资本主义市场全球网络。

1867年，第三届万国博览会在法国巴黎召开。清政府收到了邀请函，却未予理睬。以为博览会不过是炫珍耀奇的“晒珍会”。因“上书太平军”事件而流亡海外的文人王韬游历了巴黎世博会场。他在《漫游随录》中，记述了以私人身份参加世博会的情况，这也是国人对世博会的最早观察。

而日本则派出了一个非正式的代表团，成员中有一个27岁的青年涩泽荣一。与王韬大段记述世博会的热闹场面不同，令涩泽荣一眼界大开的是当时世界上最先进的工业产品：从蒸汽机车、工业车床、纺织、造纸机器到医疗设备，无一不让涩泽荣一万分惊奇。此后他留在欧洲继续考察2年，学习西方的经济制度，形成了以夷为师、以工商振兴日本的全新思路。

19世纪后半叶，新生的机器造纸工业技术基本成熟。其产品成本低而质量优。中国和日本的造纸作坊在洋纸的竞争下相继破产。席卷全球的工业化浪潮把中国和日本的造纸业推向了各自命运的十字路口。

1873年，回国后的涩泽荣一已经成为主管日本国家预算的大藏少辅。但他却做出了一件不可思议的事情：递交辞呈，弃官从商。涩泽荣一组织创办了日本第一家股份制银行；同年，创建“制纸会社”，揭开了日本现代造纸工业史的第一页。

▲ 日本实业家涩泽荣一塑像

毗邻黄浦江的杨浦区位于上海市的东北角，又称杨树浦。在1个多世纪之前的1869年，公共租界工部局从外滩沿黄浦江修了一条马路至杨树浦，这里成了那时的“特区”。一批名列中国近代工业史上“第一家”的企业：发电厂、煤气厂、水厂、纺织厂随之诞生，其规模在当时均号称远东第一。中国第一家机器造纸厂也在这里问世。

当时，来自欧美的机制纸已全面占领上海市场。洋纸大量倾销，中国的一些民族资本家深知，如再不自办纸厂，中国民族造纸工业将面临全军覆灭的危险。1882年，在民族资本家郑观应的推荐下，来自广东的曹子撝筹办洋纸厂的禀帖摆到了北洋大臣李鸿章的桌子上。

李鸿章热衷洋务，自然推波助澜，批准建厂，名为上海机器造纸局。

杨树浦408号是原上海机器造纸局旧址。在过去的100多年中，虽然数易其主，几度更名，甚至其主要建筑也在40年代被大规模改造过，但一直到2005年之前，它依然作为一个造纸厂存在着。

当年，上海机器造纸局开业后便诸事不顺，机器运转也不正常，又碰到日货大量倾销，以致上手即亏。在成立10年之后，上海机器造纸局在1892年宣告停产。为了挽救颓势，1906年，在洋务派推动下，清廷公费派出18人到日本学习造纸，各地也纷纷派留学生远渡重洋，赴欧美学习现代造纸技术。

日本第一家机器造纸企业——王子制纸株式会社，今天已成为日本第一，世界第六的造纸企业，它的前身就是涩泽荣一创办的“造纸会社”。

100多年前，在几乎与中国同时引进西方机器造纸术的日本，以制纸会社为代表的造纸企业迅速崛起，很快完成了造纸机械的本土化生产。1889年，制纸会社以木材纸浆为原料的气田工厂开业。1899年，制纸会社开始向中国输出造纸技术。

而当时的中国，在清朝最后的30年间建成投产的22家机器造纸厂绝大部分由于经营不善，最终亏损倒闭。

进入20世纪中期之后，现代造纸工业获得了高速发展。生产速度、规模、自动化程度和纸品的质量都达到了前所未有的高度。而与之相应的环保问题日益凸显，进而成为现代造纸工业发展最大的瓶颈。

20世纪六七十年代的中国，一些小造纸厂将工业废水直接排入江河，黑色的浓液和江水汇集在一起，流过的地方，土地严重碱化，数年内都无法用于耕作。

另一方面，使用木材造纸消耗了大量的森林资源，使得植被被破坏，导致水土流失。为了保护环境，实现可持续发展，20世纪80年代，中国政府强制关闭了大批小造纸厂。同时针对国内大型造纸企业制定了近乎苛刻的排放标准。

谢士兵是山东华泰集团造纸厂的水处理总工程师，他的工作是处理这个占地几平方千米的巨大企业每天排出的废水。这是一家全球最大的新闻纸生产企业。占有中国国内新闻纸总产量40%的份额。供应中国众多主要平面媒体的用纸，同时每天产生造纸废水4万吨。这些含着有害化学成分的工业污水如不加处理排出去会对周边生态环境造成巨大危害。华泰集团斥资20多亿元人民币，购买了世界上最先进的设备，而仅维持废水处理日常运行这一项，每年要投入七八千万元。

在华泰造纸厂污水处理设施的最后一个池子，连接着一个养着金鱼的小池塘，对环境敏感的金鱼是所有这些昂贵设备净水效果的最终检验员，这样的鱼池每家造纸企业都有，是山东省环保部门的硬性规定。

在造纸技术高速发展的同时，原料不足的问题再次浮上水面。20世纪80年代之后，各国造纸业纷纷把废纸回收作为主要的原料来源。通常旧报纸反复使用两次就要加入新的纸浆。如何可持续地利用资源成了全世界的造纸技术专家们都在研究的课题。

在日本王子制纸株式会社东云研究所，科研人员正在研究新的速生树种以应对日益增长的对造纸原料的需求。研究人员把木片进行高温蒸煮，经过漂白、制浆，用手工的方式抄出一张张试验用纸。

刚刚被抄出、烘干的试验用纸经历强度、耐折度、色度及光滑度等40种不同项目的测试。试验数据将被送到森林研究所，帮助他们判定种植哪种树种比较适宜，对育林工作进行改进。

在日本，为造纸工业种植人工林早在20世纪60年代就已开始。虽然日本的森林人均占有率居于世界第二位。但一些有远见的造纸企业提前半个多世纪就为应对原料危机做好了准备。

位于富士山下的一片人工林，当年种下的树苗已经长成了参天大树。按照每30年采伐一次的周期，现在到了第二次收获的时候。

经过人工精心养护的树木笔直挺拔，可以作为上好的木材使用。只有树皮和多余的木片才用来造纸。这家日本企业已为未来10年的发展打下了坚实的基础。然而，他们还有着更为长远的计划。到2015年，他们计划扩大到3000平方千米，工厂使用原料的40%可以通过自己的山林供给。

今天，现代造纸业已经成为一个高科技、高效能，循环利用、环境友好的产业。目前，世界上最先进的造纸机长达400多米，每秒出纸2000米，幅宽近10米。从抄纸、涂布到烘干，各工序完全一体化。机器造纸术已经发展到了前人所不能想象的高度。

机器造纸术传入中国和日本后，手工造纸业遭到了毁灭性打击。在日本，手工纸作坊消失了99.6%。在中国，除了宣纸以其在书画界的特殊地位无存亡之忧以外，各地的手工纸作坊也所剩无几。于是，一些为传统造纸忧虑之士便行动起来。

浙江省温州市公务员林志文出生在泽雅农村，祖祖辈辈靠造纸为生，14岁就学会抄纸。20年来，他一直记录着泽雅的手工造纸技艺和它的历史。他担心有一天这古老的行业会彻底消失。

早在宋元之际，泽雅就已经开始造纸。有研究者发现，泽雅现存的造纸

▲ 泽雅妇女还在维持造纸作坊

工具和工艺流程与明朝《天工开物》所记载的完全一样，一位日本的民俗专家在考察了泽雅后感慨地说，这是中国造纸术的活化石。

今天的泽雅，只有少量的老人和妇女还在维持造纸作坊。

现在，泽雅99%的水碓和纸槽被废弃。有人担忧地说，再过20年，传统造纸技艺就会失传。正是这样的原因，促使林志文开始四处走访，为泽雅造纸撰写著作，用图片和文字延续这一传承千年的文化根脉。

2005年，泽雅的“四连碓造纸作坊”入选第五批全国重点文物保护单位，开始接受国家级专项保护。

而在日本，一些手工造纸业者们已开始自救。

古田法子，美浓市纸灯博物馆馆长，同时，她还兼任一座老纸店史料馆的馆长。每天，古田法子都不厌其烦地向游客和前来洽谈的客商介绍她引以为豪的美浓和纸。

早在1300多年前，美浓纸就作为贡品供给日本皇族使用。但到了近代，美浓纸与中国的泽雅纸一样面临生存危机。所幸的是美浓一带有着很好的商业传统。

美浓纸协会曾举办过一个纸灯展，吸引游客观赏。在纸灯展的日子里，整条大街的每家每户前都摆上一盏纸灯，彻夜不熄。在美浓人看来，这既是对美浓纸辉煌过去的祭奠，又是美浓纸复兴的希望。

蔡伦的时代离我们如此遥远，但他的遗产早已遍及世界。在近 2000 年的时光中，纸在世界各地造纸工匠辛勤劳作的日日夜夜里，在他们让纸浆泡得粗糙僵硬的手中制造出来，助推着影响人类文明的几乎所有活动、发现和创造。今天，手工造纸已像一个迟暮的老妇，然而，无论人们怎样担心，她都不会逝去，她的生命依旧将在现代大工业造纸震撼人心的轰鸣中延续。

甲骨竹简，承载历史大剧；篆隶楷行，见证沧海桑田。

3300多年前，殷商先民在龟甲兽骨上留下了占卜记事的符号。自此以后，从龟甲兽骨、青铜器皿，到竹简纸张；从印刷术到电脑时代……中国文字伴随着风云激荡，依托各种媒质，留存下或零散或完整的文明记忆。

中国文字博物馆

2009年11月16日，中国首座以文字为主题的国家级博物馆——中国文字博物馆在曾以“一片甲骨惊天下”闻名的河南省安阳市落成。

中国文字博物馆馆藏的出土文字、文物，荟萃了历代文字样本精华，展示了中国文字从远古“婴儿期”发展至今的非凡历程。

▲ 中国文字博物馆

安阳是中国八大古都之一，也是我国历史上最早的有文献可考，被甲骨文与考古发掘证实的古代都城——殷墟所在地。

郭沫若在《访安阳殷墟》一诗中赞叹道：“中原文化殷创始，观此胜于读古书”。

2001年4月20日，安阳市启动了殷墟申报世界文化遗产的工作，同时向河南省委、省政府提出申请：筹划建设一座以文字为主题的专题博物馆。

▲ 甲骨文

古文字学家王蕴智教授说，从安阳殷墟出土的丰富铜器、骨器、陶器，蕴涵着中华民族的聪明智慧；出土的大量甲骨文，使中国文字的起源至少上溯到3000多年前的殷商时期。这种数千年来一脉相传的文字体系，只有在中国的汉字中才能找到。

2007年10月20日，国务院办公厅批示：拟建的“河南中国文字博物馆”可以更名为“中国文字博物馆”。由此，中国文字博物馆最终定名。

在人类漫长的历史长河中，古埃及的象形文字、古巴比伦的楔形文字和中国的甲骨文，形成了世界三大古文字体系。其中，只有中国的甲骨文将“生命”延续到了今天。

▲ 中国文字博物馆字坊

中国文字博物馆门前，屹立着高大的字坊。字坊高18.8米，宽10米，取甲骨文、金文中“字”的形体。字坊前方两侧，各有金色铜质凤鸟雕塑一尊，取材于商周青铜器上常见的凤鸟纹纹饰，整体形象象征着新时期中国文字文明的新飞跃，是中国文字博物馆的标志性建筑之一。

通向展馆的主干道两旁，由28片青铜甲骨片仿制品组成碑林，隐含了殷商时期最具代表性的两种元素——甲骨文和青铜器。青铜甲骨片仿制品象征着甲骨文出土

▲ 坐落在中国文字博物馆广场上的青铜甲骨片仿制品

于安阳，青铜是商文明的重要体现，把甲骨跟铜放到一起，体现出商文明的核心特征。

这28片甲骨文仿制品，最大尺寸高达1.4米，宽0.9米，总重量3吨。在仿制品的背面，是与其相关的甲骨卜辞释义。

博物馆的建筑主体，其造型包含了殷商时期高级宫殿建筑形象的基本要素，采用殷商时期的饕餮纹、蟠螭纹图案浮雕金顶装饰，引起殷商宫殿“四阿重屋”联想（“四阿”是指四面坡，“重屋”则指两重沿。四阿重屋，是古时高大的殿堂为了保护夯土台基和檐柱、土墙，又不影响通风和日照以及屋盖高耸而形成的一种建筑风格）。雕墙和雕柱使用红黑图案，渲染出殷商文化的艺术效果。

博物馆的造型定位，采取殷商甲骨文、金文中最经典的建筑形象——象形文字的“墉”字进行设计，“墉”本身是一个城的意思，它的本意是一个城上面骑一个建筑、一个小楼，字本身或者这个建筑结构本身，具备汉字的特点。

中国文字博物馆的整体建筑，还隐含着一个古老的文化符号。整体形状看上去非常像亚洲的“亚”字的古体写法。“亚”字在商朝有文化含义，代表一种身份、一种官爵，军队里的爵位。

文字是历史文明传承的载体和见证。

中国文字博物馆作为一座全面反映、专题研究中国各民族文字、文字历史、文字文明的专题博物馆，展示出中华民族灿烂的文化和辉煌的文明。

在博物馆的序厅，按东西南北次序，分别展示了中国文字载体发展史、中国书法史、甲骨文和少数民族文字的四面浮雕。顺序自上而下，时代由远及近，彰显出文字作为中华文明载体恒久的独特魅力。

博物馆的基本陈列，以中国文字发生、发展的文化史作为主线，用历代出土的文字载体、文物作为支撑，将文字书法艺术融会贯通；以文字的传播应用作为注脚，将文字历史、现代和未来汇于一堂；向公众全面展示汉字的起源、发展和演变历程。

博物馆的展览由 3 个板块构成，分别是汉字的起源和发展、印刷术与信息化、少数民族文字。最重要的是汉字的起源与发展，由 7 个章节组成。

博物馆共有 5 个展厅，分为“字法自然”“甲骨记事”“钟鼎千秋”“物以载文”“说字传义”“由隶到楷”“信息时代”等 15 个单元，将中国文字的发展、演变梳理出清晰的脉络。

在中国文字大家庭中，主要的成员是汉字。那么，汉字的源头在哪儿?

古书上曾说，仓颉造字之后，“天雨粟，鬼夜哭，龙为之潜藏”。这个传说，描述了因文字“出世”而产生的惊心动魄。

1899 年，安阳市小屯村“一片甲骨惊天下”，使中国文字起源露出了冰山一角。

目前，我国发现的甲骨文单字约 4500 个，其中能释读的有 1500 字。甲骨文的发现与逐渐释读，证明中国在 3000 多年前的殷商时期，已经形成了比较成熟的文字体系。

早在甲骨文之前，中国文字已经过了一个漫长的发育过程。大汶口文化的图像符号，邹平丁公、高邮龙虬庄的陶书，良渚文化陶器上的连刻符号等，都可能融汇到汉字产生的主流当中。在河南漯河舞阳贾湖遗址出土的年代最早的刻画符号，距今已 8000 多年。

▲ 金文指商周青铜器上刻铸的文字

尽管如此，汉字的确切年龄仍然是未解之谜。不过，这并不妨碍汉字

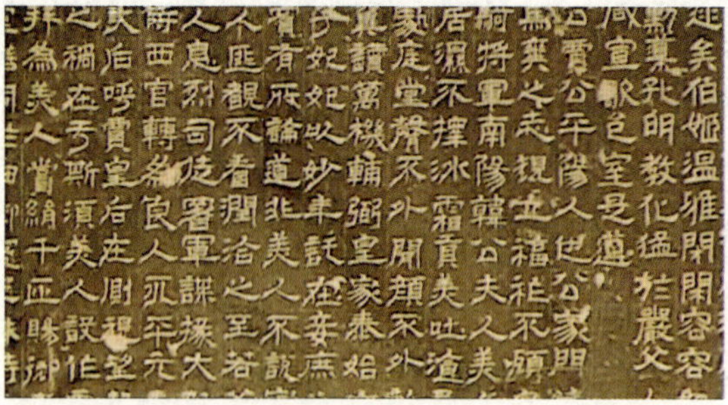
▲ 秦朝隶书

作为世界上最“高寿”的文字一脉传承至今。

除甲骨文以外，刻在青铜器上的商周金文同样重要。金文从商朝开始，至西周达到极盛，共经历了1200多年的发展历史。

殷商文字至西周演化为大篆，奠定了方块字的基础。到战国时期，各诸侯国之间“车途异轨，律令异法，言语异声，文字异形”，汉字进入一段混乱的时期。

公元前223年，秦朝丞相李斯，奉诏“罢其不与秦文合者”，创制了小篆。文字的统一将不同的族群融合为一个民族。从此，“书”必“同文”，成为汉字始终坚持的原则，也成为维系华夏子民的文明纽带。

秦朝的大一统与书同文，结束了诸侯纷争，也结束了长期以来文字混杂的局面。

之后，小篆渐渐开始“隶变”：一种新的字体——隶书，在秦朝出现，秦朝成为古今汉字的分水岭。此后，汉字继续演变出行书、草书、楷书等字体，但字的形态再没有发生过太大的变动。

▲ 中国文字博物馆内的蔡伦塑像与当年蔡伦发明造纸术的模拟场景

在汉字演变中，由隶书到楷书显得尤为重要。博物馆唐际根副馆长说：“因为字的写法，包括字结构的定型，隶书是关键。我们现在学古文字、教古文字时，把古时候结构不固定的字、笔法比较烦琐的字，写成隶书的形式就能认识。这种方法叫隶定。楷书的发生是由隶书转变过来的。”

▲ 沿用了1000年的活字印刷版

龟甲兽骨、青铜器皿、竹简丝帛等，都曾经充当过文字的载体，但同文字关系最密切的是后来发明的纸张。

105年，东汉时期的宦官蔡伦，历时8年，成功研制出植物纤维纸，这一伟大发明是中国贡献给世界文明的厚礼。从此，汉字借助纸张在更广阔的领域得以推广。

7世纪，隋末唐初时期，中国发明了雕版印刷术。北宋时期，毕昇发明的活字印刷术，引发了印刷史上的重大革命，有力地推动了汉字的普及和人类文明的进程。

借助纸张和印刷术，中华文明可以与古印度、古希腊、古罗马文明进行更便捷的交流，类似“葡萄”“苜蓿”“涅槃”这样的外来词，也逐渐与汉语融合；同时，汉字陆续传播到朝鲜、日本、越南等国，对东亚地区产生极为深远的影响。

从1840年起，西方列国开始对中国发动侵略战争，中国沦为殖民地半殖民地国家，汉字的发展进入了栉风沐雨的艰难旅程。

20世纪初，新文化运动兴起，汉字第一次面临严峻考验：陈独秀、蔡元培等文化领袖，都曾经发出过废除汉字，改用拉丁字母的声音。

汉字跨进了1949年，当时中华人民共和国成立仅10天，中国文字改革协会便在北京成立，将文字改革的任务确定为：简化汉字、推广普通话、制定和推行汉语拼音方案。

1958年，《汉语拼音方案》进入全国小学课堂。4年后，《简化汉字总表》发布，这是自秦始皇统一文字后，中国文字史上的最大改革。

进入计算机时代初期，汉字再次面临严峻考验。原因是汉字无法录入计

▲ 王永民研制的五笔字型输入法解决了汉字输入计算机的难题

▲ 王选研制的激光照排系统使汉字印刷进入了光与电的新时代

算机，废除汉字的呼声又起。

王永民和王选扭转了汉字的命运。王永民研制的五笔字型输入法，最早解决了汉字输入计算机的难题；王选研制的激光照排系统，使汉字印刷进入了光与电的新时代。

今天，随着中国国力的增强，汉字在世界上受到更广泛的欢迎与应用。目前全球的孔子学院和孔子课堂总数已经突破 500 家。

中国是个多民族国家，也是文字种类最丰富的国家，从远古时期到 19 世纪末，中国出现过近 40 种少数民族文字。

最早传入我国的古代民族文字，是 2 世纪前后的佉卢文，流行于今天新疆塔里木盆地东南部一带。之后，又相继传入粟特文、吐火罗文、回鹘文等，还相继出现了仿造汉字而创建的西夏文、女真文等，以及仿蒙文创制的满文，这些文字最终因种种原因退出了历史舞台。

目前，历史上形成并一直沿用至今的少数民族文字，主要有蒙古文、藏文、维吾尔文、哈萨克文、朝鲜文等。

新中国成立后，国家还帮助创制和改进部分少数民族文字，其中包括新创的壮文、布依文等。

自 20 世纪 80 年代以来，藏文、蒙古文、维吾尔文等少数民族文字的信息化工作取得较大发展，博物馆的电脑中分别装有不同民族文字的输入程序。

从古至今，中国民族文字传承了各民族的文化和精神，它们和汉字一起，组成中华文字大家庭，共同构成中华民族悠久历史和灿烂文明的“文化基因”。

截至目前，中国文字博物馆已经征集馆藏文物及辅助展品11300余件；参观人数达到120余万人次，日均4000余人次。来自美国、英国、加拿大、澳大利亚、日本、韩国等国家和地区的国际友人、文字研究专家、文字爱好者以及交流访问团等，多次来馆参观、考察、交流。

2011年，中国文字博物馆二期工程启动，在注重展示的基础上，更加强注重了研究与对外交流。

中国文字博物馆将以更丰富的文物与展品，以及其深厚的内涵，向世界展示中国文字久远的历史与独特的魅力。